# Les débuts

Claire Marin

# Les débuts

## Par où recommencer ?

Autrement

Collection « **Les grands mots** »
dirigée par Alexandre Lacroix

ISBN : 978-2-7467-6130-8

*Pour Mia,*
*à tous tes débuts.*

« Le soleil est nouveau chaque jour. »

ὁ ἥλιος νέος ἐφ᾽ ἡμέρῃ ἐστίν.
Héraclite

# Le tout début : un scintillement

De toutes les histoires qui commencent, c'est la tienne qu'il m'importe de raconter. Parce qu'elle bouleverse la mienne comme personne ne l'a jamais fait. Certains nous traversent, nous égratignent, nous effleurent sans totalement nous défaire, mais toi qui débarques l'air de rien, de ta petite existence hésitante, à peine là. Ta petite vie renverse la nôtre. Tu es l'heureuse catastrophe. Ce tout début de ta vie décide de ce que sera désormais la mienne. Avec toi apparaît l'irréversible, avec une force qu'aucun événement n'avait endossée jusqu'à présent.

Je cherche avec difficulté le début de ta vie. À quel moment est-ce que cela commence, est-ce que *tu* commences, est-ce déjà toi dans l'idée, dans le désir de ton existence, ou n'est-ce pas encore trop indécis et flou pour être le début de ta vie à toi, ma fille ?

Le début pourrait être officiel. Tu nais un samedi d'été à 13 h 47. Pourtant, c'est un faux début, un faux départ pour ton histoire, parce que depuis trois semaines déjà ton existence est presque tangible, saisie plusieurs fois par jour par de multiples capteurs, sondée par des échographies. On te touche du doigt. On sait dans quelle position tu te mets, on écoute les battements de ton cœur, amplifiés par les machines. Il paraît démesuré, ton cœur gigantesque résonne dans les couloirs de la maternité. L'histoire a débuté depuis longtemps, on parle déjà beaucoup de toi, à cet étage et dans nos familles. Pourtant, tu n'es pas encore née.

Ta naissance n'est donc pas le début de ton histoire, qui se tient peut-être au creux des premières pulsations, bien avant ton premier cri de nouveau-né. Dans une petite lumière, un point qui scintille sur l'écran d'un moniteur, le premier signe, que l'on prend pour une adresse et qui dit, même si rien d'autre ne le laisse encore soupçonner, que tu es bien là, ou plutôt qu'une vie qui deviendra la tienne a déjà commencé. Un point scintille, un être commence, et le bouleversement nous saisit. Ce point minuscule libère une émotion neuve et violente, comme une passion amoureuse. La force de ta présence, même imperceptible, et la terreur de te perdre, cela commence déjà.

On dit parfois qu'on écrit des histoires pour en maîtriser la fin. Peut-être qu'on les écrit pour en découvrir le début.

## Coup de dés

On lance les dés. Ça n'a pas encore commencé, on attend du hasard qu'il désigne le premier joueur. Les dés sont jetés, quelque chose s'enclenche qui peut s'éteindre à peine initié. Il y a dans les débuts cette incertitude et cette suspension : dans le ralenti de cet instant où les cubes roulent sur la table, tout est possible. Cette impatience devant ce qui est sur le point de commencer fait l'intensité de certains débuts. Lorsqu'ils ouvrent une nouvelle partie ou un nouveau chapitre, ces tout premiers moments sont habités d'une intensité particulière. Mais par leur brièveté et parce que nous sommes déjà sur le coup d'après, toujours obsédés par ce qui est à venir, ils se dérobent parfois à notre conscience. Il ne nous en reste qu'une nostalgie brumeuse.

Je lance la roue et « rien ne va plus ! ». Tout est remis en jeu. Je me soumets à l'imprévisible.

Je me laisse gagner par cette excitation du changement, cette promesse de bouleversement. Gagner ou tout perdre. Il y a, dans certains débuts, la marque d'une attitude devant l'existence, le désir du risque et le besoin peut-être de miser tout ce que l'on a, de parier sur celui que l'on est. Rejouer, rebattre les cartes, commencer une nouvelle partie du grand jeu de la vie. On espère le surgissement de l'imprévisible, le coup de foudre ou les aubes nouvelles, l'éclat du matin, la tempête même parfois. On désire l'étonnement, l'émotion de l'inédit. On souhaite l'événement qui suscitera en nous, pour la première fois ou *comme si* c'était la première fois, un frémissement, une ferveur. L'impatience des débuts, c'est ce désir de nouveauté ou de renouvellement, c'est l'espoir de se découvrir ou de se surprendre encore.

Il y a les débuts dont on décide et ceux qui s'improvisent, ceux qui s'invitent dans notre existence comme une éclaircie inespérée ou qui frappent comme un coup de tonnerre dans un ciel serein. Il y a aussi des débuts que l'on rate, par manque de courage, de confiance ou de lucidité, ceux qu'on attend en vain. Comment reconnaître l'esquisse d'un début et s'en saisir ?

Peut-être grâce à une forme de vigilance, face à l'instant où le neuf affleure, instant gorgé de potentialités, prêt à les essaimer au vent. Pour capter ces occasions fugaces, poussières de possibles, il nous faudrait adopter, comme le suggère le philosophe Vladimir Jankélévitch, l'esprit du chasseur ou du poète. Imiter leur intrépidité pour s'en saisir. Célérité de l'œil et de la main.

Sans doute ne saisit-on jamais le tout début, « le branle imperceptible de la première initiative », dit-il encore. Un murmure intérieur mime la décision à venir, une étincelle ou un coup au cœur décide avant nous, en deçà de nous, d'une décision confuse qui chemine déjà vers la clarté du jour où bientôt elle osera se dire et s'articuler au réel. Être attentif aux petites musiques, aux rumeurs secrètes. À ce qui patiente et s'impatiente en nous, attendant son moment, encore replié dans sa coquille, protégé par son écorce, au seuil de l'efflorescence.

Or, même infime, le dévoilement est en réalité le principe de transformation du monde tout entier. Le début est déclic, déclenchement ; le cran qui décale la roue d'un tour et fait apparaître le réel sous un autre angle. C'est aussi ce qui me déprend, me déloge. On peut parler d'un début quand le monde paraît changé, quand je ne le regarde plus de la même manière. J'y vis avec la sensation d'une nouvelle dimension, comme si je découvrais une nouvelle pièce dans ma propre maison, j'y ressens une autre intensité, comme si les sonorités étaient plus franches, le réel aiguisé.

Il y a ces impressions neuves du début d'une vie. Ainsi, je ne regarde plus les mères de la même manière depuis que je le suis devenue. Je me découvre appartenant à une communauté secrète : je sais désormais leur fatigue, leur fierté. Je sais leur courage et leurs inquiétudes. J'admire ces femmes que j'ai longtemps vues sans les regarder, sans soupçonner leurs angoisses ni leurs bonheurs. Ce sont autant de strates du réel, de plis du monde que l'on ignore et qui se révèlent à chaque nouveau début. Ce qui commence en dévoile les coulisses. Chaque début pose son filtre sur le réel, comme une lumière expose crûment ou enveloppe d'un rayon doré. Il en fait apparaître des traits saillants, appuie les contrastes. Il redessine ce que nous nommons réalité, comme si elle était univoque, identique à elle-même, alors que nous n'en avons jamais qu'une représentation singulière et éphémère.

Si le début reconfigure, il modifie aussi notre sensibilité. Depuis ta naissance, petite fille, la mienne est à fleur de peau, comme si elle avait changé de fréquence, comme si elle était dotée d'une autre délicatesse. Cette sensibilité neuve s'ajuste à des échelles inconnues, à d'autres mesures du temps, de la douleur, de la fatigue, de la joie. Elle oblige à se replier, à se courber pour pénétrer doucement dans son petit univers, d'une autre dimension, où tout est plus fragile. Elle est découverte d'autres degrés du sensible, de nouvelles facettes du réel. Prudence, précaution, lenteur. Marcher sur la pointe des pieds, apprendre la discrétion, manipuler l'enfant comme de l'or, comme le mercure qui glisse entre les doigts. S'habituer à chuchoter, à bercer, apprendre la patience, la répétition infinie, les gestes vains. S'accroupir, se mettre à sa hauteur. Apprendre l'humilité, s'abaisser pour être tête à tête, pour appréhender le réel à hauteur d'enfant, comprendre et anticiper les obstacles, les menaces. Découvrir le réel comme jamais auparavant et le voir tel qu'on l'a toujours ignoré.

Devenir parent, vivre sur le qui-vive. Nouvel usage, nouveau souci du monde, devenu soudain précieux, infime, délicat. Textures subtiles, signes ténus, ou cris, pleurs et colères orageuses. Nouveau réseau de signes, désarrois inédits face aux messages incompréhensibles. Dans cette prise de conscience de notre force dangereuse, disproportionnée, nous apprenons à nous méfier de ce que nous sommes aussi et que nous ignorions. Nous voilà irritables, désarmés dans ce monde dont la familiarité semble avoir disparu. Les choses ont changé de signification. Les lieux que l'on ne fréquente plus, les meubles dont on se méfie, les nuits défaites et cette vigilance toujours en sourdine. Les émotions neuves face au minuscule, au dérisoire, les émotions immenses, exaltées ou tragiques, précisément parce que c'est la première fois. Le premier sourire, le premier mot, le premier baiser de l'enfant, ses caresses maladroites, sa première blague. La première fois que tu danses, la première fois que tu tiens un long discours dans une langue que toi seule comprends, la première fois que tu tombes du lit, le premier jour d'école et toutes les premières fois qu'il te reste encore.

Vivre un début, c'est recommencer à zéro.

# Comment commencer ?

Ce titre qui bégaie est le symptôme d'une fébrilité. Quel début choisir, quelle impulsion donnera à un geste l'élan suffisant pour se déployer ? Certains évoquent la puissance d'un ton, d'une petite musique qui s'impose et porte l'œuvre avec évidence. Magie de l'incipit qui contiendrait en germe l'intégralité du texte à venir. Il serait alors déjà la fin : si je peux l'écrire, c'est que le processus intérieur de maturation de l'œuvre est achevé. Il suffirait de dérouler la pelote. Si seulement.

Le début est parfois tellement laborieux et angoissant qu'il paraît impossible ou sans fin. Je réécris les premiers paragraphes et je m'épuise dans cet interminable commencement. Si Pénélope défait volontairement son tissage, d'autres souffrent de ce syndrome des débuts infinis. Pourquoi ? Parce que tout se joue parfois dans les premières phrases, sur la première impression, le premier regard, dans ces brefs instants où quelque chose s'initie, où quelqu'un surgit. Un grand début, une incroyable promesse qui bouleverse tout. *L'Éducation sentimentale* s'ouvre sur une illumination : « Ce fut comme une apparition. » Mais cela peut aussi commencer d'une manière banale : on n'aurait pas pu imaginer une telle dispute ou une si belle histoire. On ne sait malheureusement pas toujours où nous entraînera ce qui « a débuté comme ça », selon l'incipit du *Voyage au bout de la nuit.*

Il arrive aussi que la suite de l'histoire démente la déception du début. Aragon nous prévient, ça commence mal : « La première fois qu'Aurélien vit Bérénice, il la trouva franchement laide. » Et pourtant. On est parfois surpris par le contraste entre les premiers moments d'une vie, d'une œuvre, d'une relation et le cours qu'ils vont prendre. La manière d'engager une action ne dessine pas son cadre définitif. Un « beau début » s'emploie parfois avec ironie. On a sans doute trop tendance à penser que le début oriente la suite des événements qui en découlent, comme s'il décidait du reste de l'histoire. On est surpris quand ça bifurque. On s'exclame, on se désole : « Ça avait pourtant bien commencé ! » trahissant ainsi la logique de continuité à laquelle nous voulons croire. Rien ne s'écrit dès les premières lignes, nous pouvons faire mentir l'histoire, déjouer le destin. Tout dépend de ce que nous faisons de nos débuts.

On peut rater ses débuts. Comme il y a des faux départs, il y a des faux débuts, des élans avortés, des impulsions qui ne mènent nulle part, des enthousiasmes qui retombent aussitôt. Certains débuts auront manqué à nos vies. On peut pourtant rattraper un « mauvais début » et repartir sur de nouvelles bases.

Il n'est pas sûr, d'ailleurs, que l'on sache vraiment que l'on débute. On n'a pas toujours conscience d'être au début de quelque chose au moment où on le vit. Sait-on ce qui se trame ? Des débuts, je n'ai peut-être qu'une vague nostalgie. Je suis la plupart du temps en retard sur les débuts, je ne les réalise que rétrospectivement. On comprend mieux alors ce fantasme d'une saisie du commencement, à commencer par le sien. À quel moment commence-t-on à être soi ? On traque les premières manifestations d'une volonté propre, les premiers signes singuliers qui émergent d'un sujet. On cherche les débuts qui donnent à une vie une inflexion décisive.

C'est précisément le pouvoir de maîtriser les commencements qui est au cœur de la création littéraire. L'écriture nous permettrait de les fixer, là où ils ne cessent de nous échapper dans la vie réelle. On tiendrait le temps captif dans notre récit, pendant mille et une nuits ou vingt-quatre heures de la vie d'une femme. La littérature déploie autour de la question des commencements un laboratoire des possibles. L'histoire change parfois de direction selon la manière dont on interprète son début. Nous nous prêtons aussi à ces relectures imaginaires de ce que seraient nos vies si nous pouvions revivre certains débuts.

Mais c'est aussi et peut-être surtout le fantasme d'une saisie de soi : assister à sa propre éclosion dans une reprise du temps, que la narration ou certaines relations aux autres permettent. Rejouer, reconstituer des expériences passées, avec une nouvelle modalité de la conscience, non plus médusée par l'événement, mais jouissant de cette présence. On voudrait revivre ce qui normalement nous absorbe et nous échappe, parce que son intensité nous surprend. On souhaite retrouver ces émotions particulières qu'une première fois suscite, rejouer l'événement qui s'est déroulé d'une certaine manière sans nous. La question des commencements interroge notre rapport au temps et répond à un désir de totalisation de nos expériences.

On éprouve très tôt dans l'existence cette nostalgie des débuts. Mais on est aussi fébrile à l'idée d'un nouveau départ. Parce qu'ils exaltent le sentiment d'exister, ils suscitent espoir ou mélancolie. C'est la raison pour laquelle nous désirons tant les retrouver, les revivre autrement. C'est aussi celle pour laquelle nous désespérons à l'idée qu'il n'y ait plus dans nos vies de débuts. Analyser leur intensité permet de comprendre ce qu'elle dit de nos attentes, de notre temporalité psychique, affective. Nous n'avons pas l'âge que le temps imprime à nos corps, tant que nous continuons à espérer d'autres commencements. Ils manifestent le sentiment intime d'une irréductible jeunesse. Les débuts qu'on imagine encore traduisent notre rapport au possible et notre désir d'accueillir l'inattendu.

# L'impatience des débuts

Il y a plusieurs manières d'interpréter cette impatience. On pense à l'enfant imprécis, maladroit, qui voudrait déjà savoir pédaler, siffler, nager, faire la roue ou le poirier. Il se décourage, s'énerve. Il s'amuse parfois de rater, de rater encore. Le débutant vacille, tombe, il essaye et échoue, remonte de nouveau en selle ou sur la planche de surf. Il rejoue inlassablement cette ligne mélodique, ces trois mêmes accords jusqu'à les avoir dans les doigts. Il refait le geste des heures durant, dans l'espoir de réussir enfin. Le débutant tient en équilibre, entre frustration et inquiétude. Il se désole de la lenteur de l'apprentissage, il voudrait accélérer le temps et ce qui ne peut pas l'être : grandir, acquérir, incorporer de nouvelles possibilités, dessiner cette seconde nature qui sera la sienne.

Qu'est-ce qu'on espère fébrilement quand on débute ? Le moment de la maîtrise, la force de l'habitude. On voudrait être déjà dans l'évidence du geste intériorisé, presque spontané. Oubli paradoxal puisque le geste, qui a demandé tant d'efforts, semble désormais spontané, naturel. Son intégration profonde produite par la répétition finit par rendre inutile l'attention au geste. Curieusement, on oublie ce qui a exigé de notre part une grande concentration. On marche, on parle et on écrit, distraitement. Ce qui fut le but d'un apprentissage laborieux est devenu un moyen. On se souvient de nos premiers efforts pour former les lettres, placer les mains sur le clavier, mémoriser des pas de danse. Les mouvements se font désormais presque sans nous. Il suffit pourtant de se frotter à notre côté « gauche » – écrire avec sa « mauvaise » main, par exemple – pour revenir à ces débuts fastidieux où l'usage du corps était à conquérir. Un petit accident, et cette belle assurance disparaît ; quelques années de plus, et les mots nous échappent, les pas sont moins assurés. La vie s'enlise dans un corps en sable mouvant, instable et désobéissant. Une fois l'habitude acquise, on oublie ce qu'elle nous a coûté et l'on croit naïvement qu'elle est définitive. On oublie qu'elle a une histoire, des débuts, comme on refuse d'imaginer qu'elle aura une fin.

Mais revenons aux débuts. Je suis impatient de maîtriser enfin ce geste ou cette démonstration. J'aimerais déjà pouvoir les faire « les yeux fermés », sans hésitation. J'attends que mes contours soient clairement définis : mes possibilités corporelles, mes capacités intellectuelles. C'est l'impatience d'une sorte d'accomplissement de soi. Sortir de l'à-peu-près, être dans une existence parfaitement ajustée. Des gestes précis et une pensée bien affûtée, capable de trancher nettement dans le réel et d'en faire apparaître les secrètes articulations.

Mais peut-être suis-je aussi impatient sans savoir de quoi. De la même manière que notre angoisse peut être sans objet – c'est ainsi que certains philosophes la distinguent de la peur –, il pourrait y avoir une impatience inexplicable. Je suis alors traversé par une impatience, sans pouvoir dire ce que j'attends. On parle en médecine du « syndrome des jambes impatientes », quand des fourmillements créent le besoin de les agiter. Il y a peut-être des corps ou des esprits impatients, qui éprouvent une même nécessité de mouvement. Ce sentiment obscur nous rend incapables de tenir en place. Une impression vague nous intime de bouger, il faut que quelque chose se passe. Cette fébrilité n'est pas seulement une attente, mais aussi le besoin confus autant qu'impérieux d'un changement. L'impatience est l'espoir d'une nouveauté à venir. Cette tension intérieure nous habite tout entier et, malgré son indétermination, nous tient dans cette vigilance. On guette les signes sans savoir lesquels. Bien sûr, le plus souvent, la vie se charge de définir à notre place l'objet de cette impatience. On nous fait croire, on nous présente de beaux candidats désirables : des figures de la réussite, des images du bonheur. Alors on croit savoir, on se persuade que c'est ce poste qu'on espère, cet homme ou un enfant qu'on désire, ce voyage au Mexique.

Plus fondamentalement sans doute, ce qui satisfait cette impatience imprécise, c'est ce qu'il y a de radicalement nouveau dans ces expériences ou ces relations. Il est possible qu'un homme ou un fils de plus, un énième voyage exotique ne produisent plus rien de ce dépaysement. Ils ne satisferont pas ce besoin de neuf, cette impatience existentielle. Ce que j'espère, c'est cette impression rare et intense d'une radicale nouveauté qui produit une émotion puissante, une déflagration. Ce que je veux, ce n'est pas une nouvelle histoire d'amour ou des paysages inconnus, mais un coup de foudre, un éblouissement. Je veux la surprise, l'imprévu des instants « bénis », comme les nomme Jankélévitch dans son ouvrage *Quelque part dans l'inachevé.* Ceux qui nous empêchent de sombrer dans l'automatisme :

> Telle est la vie de l'homme, partagée entre le radotage des répétitions qui la dessèchent, et ces instants bénis qui la propulsent par à-coups et fugitivement la raniment [...] cette chance opportune ne nous [sera] jamais refusée. L'imprévu que chaque minute nous apporte.

Nous avons besoin d'imprévu dans nos existences, pour échapper à leur solidification, leur devenir matière. La sédimentation de nos vies s'opère sous l'effet de la répétition. Dans cette identité plate, sans variation, on n'est pas plus que la copie prévisible de soi-même. Il y a donc à la fois une force et une nécessité de l'imprévu : il nous secoue, nous oblige à nous renouveler. La force d'invention est sollicitée en nous. Réagir et se redéfinir, dans cet ajustement à l'événement, cette articulation au changement extérieur. Face à l'inédit, on se découvre autre, doté de ressources insoupçonnées ou traversé de désirs inassouvis. L'imprévu, nous dit Jankélévitch, est une « invitation à aller toujours plus loin, au-delà de nous-mêmes ». C'est une incitation et une excitation. Elle agit en nous comme un aiguillon qui nous pousse à dépasser nos limites, ou plus exactement nos limites habituelles, peut-être bien en deçà de ce que nous pourrions être. Aller au-delà de nous-mêmes, comme l'imprévu nous y exhorte, c'est ne pas renoncer à être nous-mêmes, ne pas se laisser contraindre par le cadre, mais continuer à se définir par le devenir plutôt que par la fixité et l'identité vide, redondante. L'imprévu, par sa puissance, ravive les dynamiques intérieures. Il crée un appel d'air dans une existence qui s'assoupit.

S'agit-il d'aller au-delà de nous-mêmes ou d'être plus intensément nous-mêmes ? Ce que j'attends des débuts, c'est l'exaltation, le rythme avec lesquels ils me saisissent et me ramènent à moi, me procurent une puissante sensation de moi-même. Les premières fois dont on se souvient jalonnent notre cheminement intérieur, les émotions fortes qu'elles ont charriées laissent leur empreinte, au point même, parfois, de devenir un motif récurrent dans nos relations affectives. Les débuts sont chargés de cette excitation qu'on espère pouvoir revivre. Notre désir de nouveaux départs est profondément lié à l'espoir qu'ils produiront ce rappel à soi incandescent, cette présence démultipliée.

Dans son essai intitulé *La Vie intense. Une obsession moderne*, le philosophe Tristan Garcia s'interroge sur cette « sensation indéfinissable qui permet à un être d'évaluer favorablement l'intensité de sa propre existence ». Le sentiment d'exister est soumis à des variations, nous pouvons l'éprouver plus ou moins fortement. Cette intensité est la « mesure intime, jauge interne de ce que nous éprouvons pour nous-mêmes ». Or ce « mystérieux "degré d'intensité de soi en soi" ne se laisse par réduire à l'excitation physique ». Selon le philosophe, « c'est le sentiment d'être plus ou moins soi-même ». La recherche de l'intensité traduit le désir d'une « maximalisation de notre être ». On est à l'affût de ce qui produira en nous ce sentiment puissant de grand éveil, d'expansion ou de dilatation de notre être, selon l'expression de Spinoza. Nous espérons ce « foudroiement de notre être, qui permet de toucher un instant au plus haut degré de notre propre sentiment d'exister », affirme Tristan Garcia. D'où vient cette décharge intérieure, cette électrisation du sujet ? Elle peut surgir de l'anodin, du familier. Certains débuts nous promettent, à tort ou à raison, cette exaltation. N'est-ce pas le souvenir que laissent certaines premières fois magnétiques ? Le philosophe évoque « l'impression épiphanique d'un choc électrique ». Cet embrasement « nous expose de nouveau à l'intensité de la vraie vie et nous extrait des marécages de la routine dans laquelle nous nous étions enfoncés sans même nous en rendre compte ». Ainsi, nous guettons la nouveauté et la variation qui produisent ce « sentiment de vivre vraiment ».

# Beauté de l'éphémère

« Le cœur éparpillé dans la tête. »

Fernando Pessoa

Si nous sommes rassurés par une forme de répétition dans l'existence, nous guettons aussi l'intensité joyeuse des premières émotions, sans nécessairement nous soucier du point où elles mènent. Parfois, seul le début compte. L'excitation d'une idée naissante ou d'un projet ne trouve pas toujours d'écho dans sa réalisation. On ne retrouvera peut-être pas par la suite l'effervescence du tout début, l'excitation du surgissement. Il y aura de la fierté, de la satisfaction, mais pas cet enthousiasme, cette vitesse de l'imagination, cette dynamique où les pièces se déplacent mentalement pour s'aligner ou s'ajuster les unes aux autres, où les éléments se recoupent et les hypothèses s'emboîtent. On garde le souvenir vif de ce premier moment où quelque chose sursaute, clignote en nous, dans l'obscurité des recherches. Ce tout début-là fascine comme l'apparition d'un être, l'éclosion d'un vivant. Face à l'inédit, on est soi-même comme neuf, rafraîchi par la nouveauté.

Nous préférons les commencements à ce qui s'installe et s'émousse avec le temps. Suspendre est une manière non pas de renoncer, mais de maintenir une puissance fantasmatique. On s'arrête aussi en chemin, aux premiers moments, non par lâcheté mais par lucidité. Certaines choses ne seraient faites que pour débuter et non pour durer, soumises à une logique de l'instant. Certaines rencontres n'ont lieu que dans un espace-temps particulier, dans l'entre-deux de pays, de langues, de vies. Les personnages de *Lost in Translation* de Sofia Coppola vivent dans cette suspension du temps, dans l'émotion des seuls effleurements, la complicité éphémère. Parfois, il n'y a que des débuts, et l'histoire s'abîmerait en s'enlisant dans la durée. On vit ces instants pour eux-mêmes, hors de la temporalité habituelle tout en longueur, empiétant toujours sur ce qui est à venir. Il y a des débuts qui ne mènent nulle part. Leur beauté tient à cet équilibre fragile. Se tenir dans la virtualité, dans la naissance du sentiment à deux pas d'y succomber. Vertige et refus de ce que cet instant serait devenu en se répandant dans le temps.

Cette expérience révèle la puissance d'un début, son essence. Le début, à la différence du commencement, est une expérience verticale du temps. Le début tranche, il interrompt le temps, là où le commencement s'y écoule paresseusement. La poésie des débuts est dans la beauté de l'inachevé, l'évanescence de ce qui a tout juste commencé à être. Qu'on pense aux esquisses de Leonard de Vinci, aux lignes serpentines dont on devine le mouvement sans qu'elles soient entièrement dessinées, à l'élan d'un fragment poursuivant son cheminement dans l'esprit du lecteur. Ces inachevés initient une dynamique. Qui s'en empare les poursuit, les prolonge à sa façon. En ce sens, tout début est un don qu'on interprète de manière singulière. Suggérons un début et laissons libre cours à l'imagination de chacun. Quelle suite donnerons-nous aux phrases qui commenceraient par « Je suis né » ou « Si par une nuit d'hiver un voyageur » ? Le début est une étincelle. On ignore quelle matière viendra s'y brûler, quel incendie des sens ou de la pensée il déclenchera. Du début, on ne mesure pas toujours la puissance de feu.

Si l'on peut parler d'une poétique des débuts, cela tient à l'émotion éprouvée devant l'éclosion, face au dévoilement de ce qui restait caché. Fragilité saisissante de ce moment d'épanouissement d'une puissance jusqu'alors dissimulée. Beauté de l'éphémère, dans l'équilibre délicat entre l'absence et la manifestation, entre l'invisibilité et l'esquisse d'un possible. « Splendeur caduque de la corolle et des pétales », dit Jankélévitch dans *Le Je-ne-sais-quoi*. Émouvante incertitude des premiers pas, des premiers mots, indécision des premières intentions. Ce qui tient à un fil, ce qui peut encore s'envoler. Entrapercevoir l'éclosion d'un coquelicot, la fêlure de la coquille, les premiers pépiements. Le début est alors expérience de l'apparition, aperception de la puissance du vivant même dans ses infimes manifestations. Moment d'apparition dont je suis, plus que le spectateur, le témoin. Face à cette force créatrice, ce *poïen*, la conscience elle-même est comme naïve et naissante, telle que la décrit Fernando Pessoa dans *Le Livre de l'intranquillité* :

> C'était comme un début de commencer à voir quelque chose, mais identique de toute part, comme si le presque-révélé hésitait à faire son apparition. Et quel sentiment éprouvait-on ? Eh bien, l'impossibilité même d'en éprouver, le cœur éparpillé dans la tête, tous sentiments confondus ; un engourdissement de l'existence tout éveillée, une perception aiguisée d'un sens animique [...].

Sur ce point d'équilibre fragile entre non-être et apparaître, cet affleurement de l'être à la surface du réel, la conscience elle-même oscille entre l'acuité et l'anesthésie des perceptions, comme si elle devait se doter d'une perception plus subtile, d'une sensibilité de l'instant ou d'un sens de la naissance.

# La nouveauté du premier instant

« Tu es un homme qui, par principe,
n'attend plus rien de rien. »

Italo Calvino

Dans son ouvrage intitulé *Si par un jour d'hiver un voyageur,* Italo Calvino nous propose « un roman fait de débuts de romans ». Il pourrait s'agir là d'une piste philosophique bien plus que d'un inachèvement littéraire. Notre vie n'est-elle pas elle aussi, d'une certaine manière, une histoire faite de débuts d'histoires, réelles ou fantasmées, dont beaucoup s'arrêtent en cours de route ? Une vie faite de tentatives, d'essais. On pourrait parler d'échecs, de désaveux. Ou les penser en termes d'expériences. Il n'est pas toujours nécessaire de dérouler toujours un fil pour voir où il mène. Certaines expériences sont prévisibles : on se les épargne. On se déporte pour tester un autre chemin. Des débuts, on attend quelque chose. Et même l'homme blasé, revenu de tout, souhaite encore secrètement se laisser prendre par la curiosité de la nouveauté. C'est le cas du narrateur de Calvino, « un homme qui, par principe, n'attend plus rien de rien ». Désenchanté, il n'espère rien de personne, à part peut-être de la littérature, seul îlot résistant à son indifférence.

> Tu crois pouvoir te permettre le plaisir juvénile de l'expectative au moins dans un secteur bien circonscrit comme celui des livres.

De la vie, on n'attend plus rien, mais de la fiction, on espère toujours le trouble : se laisser prendre, surprendre par quelque chose que l'on n'aurait encore jamais lu, vu, entendu. La littérature est le réservoir de l'inouï, plus que la réalité circonscrite et répétitive.

> Un livre qui vient de paraître te donne une sorte de plaisir bien particulier, ce n'est pas le livre seulement que tu emportes, c'est sa nouveauté. [...] Toi, tu rêves toujours de rencontrer la nouveauté véritable. La nouveauté d'un jour, qui sera nouveauté de toujours.

C'est la radicale nouveauté, l'imprévisible qu'espère le protagoniste de Calvino. Il faut s'apprêter à l'accueillir. Il se peut qu'il faille l'attraper au vol comme le dieu Kaïros par sa mèche de cheveu. Calvino décrit cette préparation mentale dans une mise en abyme réjouissante :

> Tu vas commencer le nouveau roman d'Italo Calvino, *Si par un jour d'hiver un voyageur.* Détends-toi. Concentre-toi. Écarte de toi toute autre pensée.

On ne commence pas à lire n'importe comment. Ce rituel du commencement resserre le monde autour de ce nouveau centre de gravité pour le rendre plus intense, pour y être plus présent.

À travers cet éclat, ce fragment d'inédit, on tente de saisir l'insaisissable. Saisir l'instant, l'insaisissable du temps.

> Si tu lis un livre, tu posséderas cette nouveauté du premier instant sans avoir à la poursuivre, la traquer.

Derrière la promesse de la nouveauté, on entend l'espoir de coïncider avec elle. Ne pas arriver trop tard, comme le voyageur qui voit son train s'éloigner du quai, sans avoir pu y grimper. Trop tard, quand tout est déjà là, car le monde ne nous a pas attendu. Pour une fois, vivre l'événement. Assister à la genèse. Fantasme d'une coïncidence avec le début, avec l'apparition de la présence elle-même. Nous débarquons toujours dans un bloc de réalité qui nous précède, massif et compact. On veut assister à la naissance du personnage, aux esquisses de l'intrigue à venir. Être dans le plaisir de l'inchoatif, de ce qui commence sous nos yeux.

> Je voudrais que les choses ne soient pas toutes déjà là, massives à en être palpables, qu'on sente autour de ce qu'on lit la présence de quelque chose qu'on ne connaît pas encore, le signe d'on ne sait quoi.

Le plaisir de la nouveauté est celui de l'indéterminé. C'est le plaisir, nous dit Calvino, de « te retrouver devant quelque chose dont tu ne sais pas encore bien ce que c'est ». L'indéterminé, l'indéfini. Ce qui me capte, me saisit et me dessaisit tout à la fois. M'extrait du réel tel que je le connais, tel que je l'appréhende. Ce qui sort du cadre.

Ce n'est donc pas un hasard si le titre du roman lui-même sonne incomplet, reste en suspens : il dit quelque chose de l'attente, de la puissance d'un incipit. Il dit la force d'un début : ce qui laisse espérer crée une curiosité, un désir de savoir. Qui est ce voyageur et que lui arrive-t-il ? La mention de l'hiver dessine des ombres menaçantes autour du mystérieux voyageur. Le titre foisonne d'hypothèses, des plus probables aux plus fantasques. Le début intrigue, il me piège, je suis ferré. La machine à imaginer se met en marche, presque malgré moi.

Ce que j'attends de l'œuvre, c'est finalement qu'elle bouleverse la trame temporelle, « qu'il y ait interruption dans la continuité du temps ». Habituellement, nous laissons le temps se dérouler mollement selon sa pente naturelle. Chaque événement entraîne sans effort sa propre suite. On voudrait échapper à ce réel si prévisible. On espère du début d'un roman et peut-être de n'importe quelle histoire, fictive ou non, une véritable surprise, un étonnement franc. Quelque chose qui déloge du « déjà », où même l'imagination piétine. Ce qui déjoue l'habitude. Un nouveau monde s'esquisse dans cet imprévisible-là.

# Découper le temps

Quand j'étais enfant, ma mère m'avait offert un kaléidoscope, objet que je trouvais doublement fascinant, par son nom et le caractère illimité de son usage : l'inlassable possibilité de créer de nouvelles figures, de faire apparaître d'autres motifs, d'un simple tour de main. Sans doute les possibilités ne sont-elles pas mathématiquement infinies, mais ce jeu suggérait l'infini, la richesse d'un monde surgi de quelques fragments de verre teinté. Avec presque rien et un simple dispositif de miroirs, on faisait apparaître des vitraux païens, et l'expérience me ravissait et m'étonnait à chaque fois. On faisait pivoter l'axe de ce monde en miniature et il changeait du tout au tout. On ne pouvait jamais prévoir quelle serait la prochaine forme, on attendait de voir quelle couleur allait surgir, on pensait qu'en le secouant, du rouge réapparaîtrait, on essayait de saisir la logique de ces formes géométriques colorées qui se succédaient en créant chaque fois la surprise. Notre mémoire semblait trop limitée pour repérer les récurrences et on abandonnait vite cette idée. Le plaisir était dans la pure discontinuité.

Plus tard, en lisant Bergson, j'ai retrouvé ce kaléidoscope qu'il évoque souvent dans son œuvre, cet objet où l'on voit (*skopéô*) de belles formes (*kalós eîdos*). Mais Bergson s'en sert pour critiquer notre vision « kaléidoscopique » du réel. Notre rapport à l'action nous condamnerait à des images rapides, changeantes, disjointes, c'est-à-dire à une compréhension erronée des choses. Pourquoi ? Parce que l'action nous oblige à chaque instant à nous réajuster aux autres corps, à composer avec eux une nouvelle figure, comme le font les cristaux de verre à chaque mouvement du kaléidoscope. Or nous tenons pour une perception vraie cette succession de configurations sans lien, une juxtaposition de situations. Parce que l'action nous concentre sur un objectif, elle pose un filtre sur le réel, nous impose des œillères. Nous découpons et simplifions notre attention au monde extérieur en fonction de nos attentes pratiques. Je veux finir d'écrire ce chapitre, et ma perception de cette journée sera tout entière une relecture biaisée par cette ambition, elle sera découpée en moments d'écriture fébrile ou de découragement. Les juxtaposant rétrospectivement, je recomposerai une continuité en trompe-l'œil, en les enfilant comme des perles sur un lien. Ainsi, comme le dit Bergson, « le mécanisme de notre connaissance est de nature cinématographique », il restitue une apparence de mouvement à partir d'images fixes. Dans cette hypothèse, nous serions alors incapables de percevoir la réalité mouvante, le changement, « la souplesse et la variété de la vie ».

Pourquoi ? Nous ne pouvons penser la mobilité qu'en la décomposant en une « série d'instantanés », suite d'instants figés. À travers cette succession de clichés immobiles, nous créons une illusion de mouvement ; tel est, selon Bergson dans *L'Évolution créatrice,* « l'artifice du cinématographe et tel est aussi celui de la connaissance ». Nous réagençons la réalité avec des fragments, notre connaissance n'est qu'une reconstitution limitée, incapable de rendre compte de la continuité et de l'évolution. Nous passons à côté de ce dont nous avons pourtant l'expérience : le devenir de la réalité sensible. Ainsi, « au lieu de nous attacher au devenir intérieur des choses, nous nous plaçons hors d'elles pour recomposer artificiellement leur devenir ». Nous perdons la durée et le mouvement, et les restituons artificiellement en « actionnant une espèce de cinématographe intérieur ».

Selon Bergson, la découpe que l'intelligence opère dans le tissu du temps produit en nous l'illusion d'une discontinuité. L'intelligence vient trancher dans la continuité du vécu pour satisfaire les exigences de la vie pratique. Elle fabrique notre passé comme on fait des films. Elle fractionne le flux de l'expérience, le divise en séquences et leur attribue un début et une fin. Ce cinéma intérieur fonctionne sans que nous nous en rendions compte, il marque des césures là où il n'y en a pas, dénaturant la matière fluide de la conscience. L'intelligence, par souci de simplification, opère des coupes franches dans le devenir intérieur comme dans la continuité du réel. On délimite des portions du réel ou des phases psychiques. On réécrit l'histoire en marquant des moments, en distinguant des scènes, on recompose une pseudoréalité, on récrée une apparence de durée avec une succession d'instants, déliés les uns des autres. La connaissance, suivant la logique de fabrication cinématographique, introduit la discrétion dans le continu. Ainsi, nous restons à l'extérieur des choses. Nous sommes ignorants du mouvement même du devenir et ne percevons du monde qu'un réarrangement grossier.

Dans cette simplification d'un réel complexe, nous faisons apparaître des repères temporels factices. Nous séparons arbitrairement passé et futur, nous posons des commencements là où nous sommes dans une évolution. Pour Bergson, ce qui apparaît est toujours précédé. Aussi faudrait-il se défaire des « habitudes cinématographiques de notre intelligence » qui « arrêtent » l'évolution temporelle et distinguent des états là où il y aurait en réalité continuité et passage imperceptible. Ces « vues de l'esprit » produisent des « réalités » qui ne sont, selon Bergson, que des constructions trompeuses, dont on n'est plus en mesure de penser ni l'articulation ni la transformation temporelle. Ainsi, penser séparément l'enfance, l'adolescence, la maturité et la vieillesse, ce serait s'interdire de comprendre notre devenir physiologique et psychique, ce serait passer à côté de notre expérience intérieure, qui est flux continu et non succession d'étapes. Bergson fait référence, dans son *Introduction à la métaphysique*, à « ce sentiment original de l'écoulement » de nous-mêmes, à cette « continuité d'écoulement » que l'on trouverait au fond de soi-même. Ainsi, le « déroulement de notre durée ressemble[rait] par certains côtés à l'unité d'un mouvement qui progresse ». Les états intérieurs du sujet ne pourraient pas être distincts, ils seraient « si solidement organisés, si profondément animés d'une vie commune, que [l'on] n'aurai[t] pas su dire où l'un quelconque d'entre eux finit, où l'autre commence ». En réalité, affirme Bergson, « aucun d'eux ne commence ni ne finit, mais tous se prolongent les uns dans les autres ».

Le paradigme sous-jacent à cette question de la temporalité et de la durée semble être celui de l'évolution biologique, ce qui n'est pas sans poser de difficultés dès lors qu'on le transpose au cœur de l'intériorité du sujet. Notre vie ne serait que le « déroulement d'un rouleau », et l'on se sentirait « arriver au bout de son rôle ». Vivre « consiste à vieillir », conclut Bergson. Mais c'est aussi, poursuit-il, un « enroulement continuel, comme celui d'un fil sur une pelote, car notre passé nous suit, il se grossit sans cesse du présent qu'il ramasse sur sa route ». Dans cette expérience intérieure, il n'y aurait pas d'interruption, de brisure. La métamorphose est le seul principe de transformation, dans la variation subtile et la continuité des formes. Il n'y a pas de ruptures, pas de motif qui surgisse brusquement sans qu'on ait vu ses contours s'esquisser. Il y a bien de la nouveauté, comme la fleur qui éclot du bourgeon, mais rien d'inouï, rien de déroutant. Est-ce bien là notre expérience intime ? J'ai parfois l'impression non pas d'un écoulement intérieur, mais de digues violemment rompues, de débordement. On a du mal à comprendre alors le chaos intérieur des crises que nous traversons, à l'adolescence ou en milieu de vie. Si nous identifions dans notre existence des périodes, des phases, des moments marquants, on peut se demander s'il s'agit vraiment d'une reconstruction *a posteriori* de l'intelligence, ainsi que le soutient Bergson. Pourquoi reconstruire du désordre ?

# L'heure féconde

« Il faut écrire l'histoire efficace
des commencements. »

Gaston Bachelard

On comprend ce qu'il devient difficile de penser : la césure, le basculement, la modification brutale du sens du réel. L'imprévisible dans la radicale transformation qu'il fait subir à la signification d'une existence. Mais aussi la réalité décisive de l'instant, sa capacité créatrice, inaugurale, et sa dimension essentielle, au sein de l'évolution même. Cette critique, c'est celle que formule le philosophe Gaston Bachelard dans *L'Intuition de l'instant.* Le problème de la philosophie bergsonienne tient selon lui au fait qu'elle nous interdit de penser les commencements : « En prouvant l'irréalité de l'instant, comment parlerons-nous du commencement d'un acte ? » s'interroge

Bachelard. Il faut se donner les moyens de rendre compte de la césure de l'instant :

> Si l'instant est une fausse césure, le passé et l'avenir vont être bien difficiles à distinguer puisqu'ils sont toujours artificiellement séparés. D'où toutes les conséquences de la philosophie bergsonienne : dans chacun de nos actes, dans le moindre de nos gestes on pourrait donc saisir le caractère achevé de ce qui s'ébauche, la fin dans le commencement, l'être et tout son devenir dans l'élan du germe.

Or il y a bien, au sein de l'évolution, « des mutations brusques, où l'acte créateur s'inscrit brusquement », de nouvelles ères s'ouvrent parce qu'une nouveauté jaillit. « Il faut pour le moins, à côté de la durée, concéder une réalité décisive à l'instant. » Il y a bien un « signe décisif » marquant le début d'« une heure féconde, qui pour durer, doit tout de même commencer ». Il y a des moments qui signent un avant et un après, un passé et un avenir. Bergson les pensait solidaires, le présent traînant le passé avec lui et l'avenir se dessinant en partie dans le présent. Bachelard conteste cette lecture et nous invite à reprendre l'analyse de notre intériorité. Que voyons-nous lorsque nous rentrons en nous-mêmes ? Cette continuité de la durée intérieure ? Pas vraiment. Observons l'esprit à l'ouvrage : « On s'aperçoit qu'il reçoit mille incidents, que la ligne de son rêve se brise en mille segments suspendus à mille sommets. » Il se présente fragmenté, « comme une file d'instants séparés ». Mais s'agit-il d'une erreur de l'intelligence incapable de saisir le continu ou est-ce la durée, ce lien que l'on ajoute rétrospectivement entre ces instants, qui est illusoire ? Elle n'est peut-être qu'une construction factice et rassurante. Il s'agit en tout cas de considérer avec Bachelard la « réalité décisive de l'instant ». Contre le déroulement continu, penser la brisure ; contre l'idée d'une maturation, penser les accidents « à la racine de toute tentative d'évolution ». Il n'y a que la paresse qui soit durable : s'installer dans une continuité confortable, se laisser porter par la puissance d'inertie de l'existence, comme si tout commencement était hors de notre portée. Le fond de la critique de Bachelard tient peut-être dans le soupçon d'une complaisance passive du sujet à ce mouvement qui le précède, dans lequel il est pris et où finalement il ne déciderait de rien. Bergson semble s'interdire de penser ce qui, en nous, se brise, s'interrompt. Pourquoi, se demande Bachelard, « essayer de revenir à quelque puissance sourde et enfouie » ? Toute décision n'est pas nécessairement le fruit d'une longue maturation. Si Bergson craint un monde suspendu où tout « périt et renaît sans cesse », Bachelard refuse un monde sans commencement : « Cette connaissance de l'instant créateur, où la trouverons-nous plus sûrement que dans le jaillissement de notre conscience ? »

Il est peut-être temps de retrouver notre kaléidoscope. N'est-ce pas là une autre conception de la métamorphose que Bergson lui-même nous signale dans *Les Deux Sources de la morale et de la religion* ? On l'a « tourné d'un cran, et il y a eu métamorphose ». On bouge imperceptiblement le jeu, et le spectacle se reconfigure, le monde devient tout autre.

N'y a-t-il pas de commencements intérieurs ? D'ondes de choc, de détonateurs ? N'y a-t-il pas d'instants de sidération, d'intensité insoutenable, dans la douleur ou dans la joie ? Des secondes où quelque chose se rompt ou se décide pour toujours ? Quelque chose cesse brutalement en nous : la naïveté, la confiance, l'insouciance ? Le rythme intérieur change, dans une accélération brusque et tragique du sentiment d'existence, dans une urgence menaçante ou dans l'allegro d'une joie inexplicablement retrouvée. Il y a bien des éclairs intérieurs qui zèbrent le flux tranquille de la conscience et la bouleversent. Je peux identifier ces moments où la force d'un sentiment, d'une sensation physique, l'effet d'une parole ou d'une image font vriller mon esprit, renversent ma représentation du monde. Comme si je basculais sur moi-même, comme si j'avais la tête à l'envers, il devient neuf et étrange, excitant ou inquiétant. Une révélation soudaine, une annonce, l'intuition d'une vérité insoupçonnée, une image perturbante, et le réel pivote de quelques degrés. L'enfance est ponctuée de ces repères, découvertes étonnantes, parfois inquiétantes. Je me souviens du jour où j'ai appris que, dans d'autres langues, le soleil est un mot féminin et la lune est au masculin. D'autres affirmations déconcertantes : on ne connaît pas de limites à l'Univers, on ne peut pas se représenter l'infini, on ne peut pas imaginer un polygone à mille côtés. Il existe un monde microscopique invisible à l'œil nu, où les flocons de neige deviennent de magnifiques figures géométriques. Deux droites parallèles ne se croisent jamais. Chacun a en tête une phrase qui l'a laissé perplexe ou très excité, qui a entrouvert une porte mentale et décalé les frontières du réel. L'inspecteur était le criminel, des parents abandonnent leurs enfants, pas seulement dans les contes. On se souvient plus encore de ces instants où l'on a compris que les adultes mentent ou se trompent, sont fragiles parfois, qu'on l'on peut être trahi. Il y a bien des marqueurs temporels de ces cataclysmes, ces désastres intérieurs, où nous tombons de haut, comme nous nous souvenons aussi du moment précis d'une indomptable joie, un « invincible été » qui nous a envahi à l'annonce d'une réussite, d'une naissance à venir, d'une déclaration d'amour. Cette vivacité de l'instant l'inscrit dans notre histoire comme un début, quelle que soit la durée de cette aventure. On se remémore aussi nettement l'instant d'une décision douloureuse, un matin froid après tant d'insomnies. Quitter cet homme, arrêter les traitements, renoncer à un projet après de longues d'années d'efforts. On décide de la fin ou on impulse un début, c'est bien le « pouvoir cataclysmique », comme le nomme Sartre, de la liberté humaine.

# L'inquiétude du début

« Puisqu'il faut bien commencer
quelque part. »

Emmanuel Carrère, *Yoga*

Par quel biais aborder le monde, par quelle phrase débuter le récit ? On est parfois inquiet d'avoir à choisir parmi tous les commencements possibles. On se demande aussi ce qui serait arrivé si, ce jour-là, on avait pris un autre chemin, si on avait raté son train ou si on avait été à l'heure au rendez-vous. Si on avait résisté à la tentation ou si l'on avait fait le pari d'un nouvel amour. Toute trajectoire se double toujours de sa bifurcation imaginaire, cette vie possible que l'on a laissée filer et où l'on aurait peut-être été plus heureux.

Pour certains, le début est à la fois un jeu, une stratégie et un travail d'orfèvre. Dans l'incipit de *La Vie mode d'emploi*, Georges Perec propose innocemment de commencer par le commun, l'endroit où l'on passe sans s'attarder. Espace qui ne dit rien des habitants eux-mêmes, mais qui dit déjà quelque chose de ces vies parallèles contraintes de se croiser. Perec dissimule au lecteur le principe ludique et l'architecture complexe de l'ouvrage. L'ordre en apparence désinvolte des chapitres suit en fait la règle précise de l'algorithme du cavalier dans le jeu d'échecs : faire parcourir à un cheval les soixante-quatre cases d'un échiquier sans jamais s'arrêter plus d'une fois sur la même case. Les fenêtres de l'immeuble sont comme les cases d'un damier, et le récit passe d'une pièce à l'autre, comme un cavalier qui ne reviendrait jamais sur une même case. Rien de nonchalant dans cette apparente banalité de ce début romanesque.

Pour nous qui ne racontons que de petites histoires, définir un commencement relève souvent d'une part d'arbitraire. Comment extraire ce qui serait le début d'un enchevêtrement d'événements, comment en dégager une force d'engendrement ou une concaténation logique particulière ? Sans doute faut-il se fier au rythme.

Plus exactement, identifier des ruptures de rythme qui indiquent la déviation, l'inhabituel. On s'accroche aux signes d'un possible changement. Puisqu'il faut commencer, comme le dit Emmanuel Carrère au début de *Yoga*, partons de cette journée où l'on prend un train, sans portable, avec une intention qui semble bien indiquer une forme de rupture, tout au moins au regard des habitudes qui étaient les nôtres. Le changement sans doute a déjà eu lieu en nous, quelque chose s'est déjà dérouté, mais ce train qu'on prend donne une forme de visibilité à la dérive ou la modification en cours. On s'appuie sur un élément de différenciation, une action qui indique un changement. Dans la masse monotone des jours qui se répètent, un moment s'extrait du brouillard quotidien, qu'il soit dissonance ou éblouissement.

Commencer est parfois source d'angoisse. « S'y mettre » peut paraître insurmontable. Italo Calvino évoque une véritable pathologie des commencements. Dans un court texte consacré à l'un de ses personnages, Monsieur Palomar, le romancier italien utilise l'expression « *pathos degli inizi* » et envisage la solution suivante :

obéir à l'ordre alphabétique. Comment commencer ? Comme un dictionnaire. Entrer dans le monde en égrenant les lettres, de A à Z, selon la convention arbitraire mais efficace de l'ordre alphabétique. Ainsi, l'exploration du réel perd son infinité effrayante et son côté aventureux. Plus simplement, on peut faire comme si de rien n'était : commencer par là, puisqu'il faut bien commencer. Prenons l'histoire en cours, au moment où nous sommes, dans la familiarité. On peut aussi sacraliser le début, avec sérieux ou ironie, comme si tout se jouait pour l'écrivain et son lecteur au seuil du texte. Autrement dit, soit on banalise le début, faisant comme s'il n'en était pas vraiment un, soit on le met en scène, comme Calvino dans l'incipit de *Si par un jour d'hiver...*

Or ces deux attitudes se retrouvent aussi dans nos vies, sans que nous soyons aussi inquiets que Palomar. On peut faire semblant de continuer, reprendre une ligne qui existe déjà et s'y insérer discrètement, comme si on y était depuis toujours. Se revendiquer d'une lignée, d'une histoire, reprendre la mélodie en cours de route, comme si on la chantait depuis le début. On peut faire comme si on avait toujours été là, alors qu'on débarque à peine. On dilue l'événement dans le continuum d'un récit qui a commencé avant nous. Ou bien : on surjoue le début, on en fait toute une histoire, un roman, un film. On le fête, on se souviendra de la date, on la grave quand même par prudence au creux d'un anneau. Les débuts dans le monde, la photo du premier jour d'école, le cartable trop grand qui dépasse des épaules. On marque d'une croix blanche ce premier jour, comme si le temps recommençait avec lui. On frappe les trois coups, on annonce, on fait un discours. On inaugure, on organise une cérémonie, on baptise l'enfant ou le bateau, peu importe, le début est une performance. On déclare la guerre ou les époux liés par le lien du mariage. L'un peut même annoncer l'autre. Peu importe. Quelque chose, même si on ne sait pas vraiment quoi, commence.

Parmi ces débuts que l'on fête, il y en a pourtant que l'on oublie. Quelles sont les premières fois qui ont si peu compté malgré les flonflons et les youyous, quelles sont celles qui restent au creux de nous comme des initiations marquantes et définitives ? L'attention que l'on accorde au début ne préjuge pas de l'importance que cet événement revêtira par la suite. *A contrario,* certains débuts discrets se déploient de manière grandiose ou dévastatrice. C'est ceux-là dont il faut se méfier ou qu'il faut savoir déclencher.

# À l'improviste

« Il n'est pas rare que les idées
qui vont nous occuper toute une vie
nous apparaissent [...] à l'improviste. »

Clément Rosset

Est-ce bien moi qui commence ? Je crois prendre une décision, mais il se pourrait que j'en ignore les véritables motifs, le travail souterrain qui s'opère en moi. Des murmures intérieurs, des vents contraires façonnent notre volonté. Je ne suis peut-être pas au principe de ce qui fait le cœur de mon existence. Y a-t-il un jour, un instant précis où nous décidons d'être celui que nous sommes devenus ?

Jean-Philippe Toussaint commence son ouvrage *L'Urgence et la patience* par un bref chapitre intitulé « Le jour où j'ai commencé à écrire ». De ce jour que beaucoup d'écrivains sont incapables d'identifier, il dit la chose suivante :

> J'ai oublié l'heure exacte du jour précis où j'ai pris la décision d'écrire, mais cette décision existe, et ce jour existe, cette décision, la décision de commencer à écrire, je l'ai prise brusquement, dans un bus, à Paris, entre la place de la République et la place de la Bastille.

Telle qu'elle est formulée, cette décision ne semble pas tout à fait en être une. L'auteur paraît avoir été surpris par sa propre décision, comme si elle lui tombait dessus, soudainement, dans un bus, lieu qui ne se prête pas nécessairement à la révélation d'une destinée ou du sens d'une vie.

> La décision que j'ai prise ce jour-là était plutôt inattendue pour moi. J'avais vingt ans (ou vingt et un ans, peu importe, je n'ai jamais été à un an près dans la vie), et je n'avais jamais pensé auparavant que j'écrirais un jour.

Ainsi, dans les dizaines de minutes qui séparent ces deux places parisiennes, le temps d'un trajet en bus, se dessine l'avenir d'un tout jeune homme. Cette décision advient presque à rebours de son intérêt principal, le cinéma.

Elle apparaît comme un second choix, une résolution pragmatique, face à la difficulté du métier de réalisateur, influencée par les réflexions du maître Truffaut. Dans son ouvrage *Les Films de ma vie,* ce dernier conseille d'écrire plutôt que de réaliser des films, l'écriture étant une « activité légère et futile, joyeuse et déconnante » qui « peut se pratiquer en pleine liberté, à la maison et au grand air » (Toussaint reconnaît déformer quelque peu les propos du cinéaste). Mais l'écrivain se réfère aussi, dans une espèce de contrepoint massif, à la lecture « déterminante » de *Crime et châtiment,* qui aurait produit, selon une stricte loi de cause à effet, une orientation irrésistible de son existence, rendant l'écriture urgente et nécessaire. Loi qui vaudrait même universellement, selon le théorème *ad hoc* inventé par l'auteur : « Qui lit *Crime et châtiment* se met à écrire un mois plus tard. »

Cette décision soudaine est donc tout à la fois de l'ordre de l'évidence et du calcul, elle obéit à une nécessité intérieure tout en résultant d'un glissement : de la passion du cinéma vers l'ambition d'écrire. Rien n'est complètement maîtrisé dans ce point de départ, ni d'ailleurs dans le processus d'écriture. Celui-ci semble avoir sa propre logique, sa temporalité intrinsèque, sa « phase de maturation » sur laquelle l'auteur n'a pas la main. Il s'agit, dit Toussaint, de « laisser le livre infuser en soi ». L'écriture n'est pas pour autant l'expérience d'une inspiration, d'une habitation de l'auteur par une puissance du texte qui s'imposerait à lui. Pas de grâce, pas de muse. Pas de délire inspiré ou d'expérience mystique de l'écriture. La métaphore est sportive, tendance spartiate. Écrire est un effort, une discipline, une disposition laborieuse du sujet :

> Lorsque j'écris un livre, je me voudrais aérien, l'esprit au vent et la main désinvolte. Mon cul. En fait, je suis très organisé. Je m'entraîne, je me prépare, je me dispose. Il y a un côté monacal dans mon attitude, spartiate, navigateur solitaire.

S'il y a une pente de l'écriture, il semble qu'il s'agisse d'une ascension pénible bien plus que d'une course enfantine où l'on dévale la prairie. Si l'écriture est pour Toussaint « confirmation en puissance de l'orientation de ma vie », elle est un effort sans cesse réitéré.

Il serait difficile et sans doute vain de démêler l'écheveau des raisons et des motivations.

Mais il y a un moment où le sujet s'approprie ce qui se présente à lui, malgré la surprise qu'il ressent. Et c'est ce moment qui se réitère dans le processus de l'écriture, où il s'agit sans cesse d'« essayer de découvrir le travail d'un œil neuf, de le piéger, de le surprendre, à l'improviste, *comme si* on le découvrait pour la première fois pour le juger d'un œil impartial ». Regarder son livre comme si c'était la première fois. Sans doute nous faut-il vivre aussi *comme* pour résister à l'érosion de l'habitude. Regarder celui qui nous est si proche avec le regard d'un étranger, comme si on le rencontrait à peine, revenir dans un lieu familier après un long voyage, s'écarter pour changer de perspective et, dans ce décalage, recommencer les commencements.

# Ce qui a déjà commencé

Combien d'envies, de projets, de pensées s'élaborent dans le secret d'une conscience obscure, dans l'ignorance même qu'a le sujet de ses propres désirs, de ce qui se trame discrètement en lui ? Quelle maturation se fait en moi sans moi et parfois malgré moi, dont le commencement m'échappe mais dont je suis le mouvement ? Ce travail souterrain apparaît ponctuellement, s'exprime par bribes, par éclats de voix. Comme dans une conversation lointaine ou étouffée dont on n'entend que les accents et dont on devine la tonalité affective sans distinguer les paroles. Il devient visible, mais je ne peux en identifier le début. Cette rumeur confuse et intérieure se transforme progressivement en un discours de plus en plus clair, construit. Ce qui a commencé à se dire dans un magma de sons se précise. De cette masse se distinguent des parties, des formes identifiables, et cette idée qui s'est élaborée pour ainsi dire indépendamment de moi devient lentement objet de conscience, se formule. Dans ces processus obscurs de la pensée, il est difficile d'identifier une linéarité et des repères. Ces questionnements, ces inquiétudes se manifestent avant que je m'en aperçoive, quelque chose commence sans moi.

Ce fonctionnement met à mal toute tentative d'identifier le début ou la fin d'un cheminement psychique, qui déborde des cadres de son observation, dans l'exercice de l'analyse. Comme le dit avec humour Perec dans *Penser/Classer* : « La psychanalyse ne ressemble pas vraiment aux publicités pour chauves : il n'y a pas eu un "avant" et un "après". » Certes, on peut prendre pour repère la durée de l'analyse, mais celle-ci a sans doute commencé en amont, avant de prendre rendez-vous au cabinet, de s'installer dans la salle d'attente et de s'allonger sur le divan. Elle germait déjà dans l'interrogation puis la décision d'en suivre une et se poursuivra au-delà de la dernière séance.

> Il n'y a eu ni début ni fin ; bien avant la première séance, l'analyse avait déjà commencé, ne serait-ce que par la lente décision

> d'en faire une, et par le choix de l'analyste ; bien après la dernière séance, l'analyse se poursuit, ne serait-ce que dans cette duplication solitaire qui en mime l'obstination et le piétinement : le temps de l'analyse, ce fut un engluement dans le temps, un gonflement du temps.

À une lecture linéaire du temps, il faut substituer une approche presque archéologique. Le temps de l'analyse est un temps dilaté ou dupliqué, où le moment vécu est travaillé, repris, ruminé, et paraît gagner en épaisseur et en densité. C'est la profondeur du temps, que nous ignorons le plus souvent, habitués que nous sommes à glisser sur lui plus qu'à s'enfoncer dans ses abîmes, c'est cette densité, cette opacité aussi du temps qui s'impose à l'analysé. On y expérimente quelque chose de l'ordre de la maturation intérieure, mais aussi du « piétinement », la progression est infiniment lente, comme si on faisait du sur-place. Pourtant, même sans avancer, on mime déjà le mouvement, la dynamique du geste. Même figé, coincé en apparence au même endroit psychique, on marmonne ce qu'on dira plus tard, on débrouille ce qui se dénouera. Dans l'opacité intérieure, dans l'indistinction, quelque chose déjà se fait qui semble pourtant ne pas avoir commencé.

Ces paroles si difficiles à faire émerger se libèrent parfois à la faveur d'un détour. Dans le roman *Un singe à ma fenêtre* d'Olivia Rosenthal, la narratrice part au Japon enquêter auprès des victimes des attentats au gaz sarin en 1995. S'efforçant de déchiffrer les équivoques des récits des uns et des autres, elle semble elle-même lutter contre ses propres silences, ses effondrements intimes. Il lui faut ce détour par la parole et la souffrance des autres pour revenir aux siennes et se sentir capable d'affronter les déflagrations jusqu'alors retenues et tues. « Qu'est-ce qui, de ces cinquante dernières années de ta vie, aurait mérité d'être dit et ne l'a pas été ? » se demande la narratrice. La forme de la vérité brutale, monstrueuse, sort de l'ombre et finit par se dire, à force d'y revenir, après avoir tourné autour, tout au long de ces interviews sur l'absurdité des drames et la disparition des êtres aimés.

> [...] je sentais, comme on sent l'arrivée d'un mot oublié sur le bout de la langue, qu'une forme se dessinait en moi, presque sans mon consentement. [...] je me suis dit qu'il fallait

> faire confiance à son propre aveuglement, s'appuyer sur lui sans essayer de le brusquer et de le réduire, pour faire jaillir à force de travail, de reprises et d'errements la bête tapie derrière ça [...].

Les mots franchissent enfin la frontière de l'indicible, et il devient possible de libérer l'animal de sa cage intérieure. Ce qui tournait en rond à l'intérieur de nous, comme une bête impatiente et nerveuse, sort enfin de cette circularité obsédante.

# Commencer par le milieu

« On commence toujours par le milieu. »

Gilles Deleuze

Peu d'entre nous connaissent dans leur vie de grands débuts : un baptême en grande pompe, un bal des débutantes ou un couronnement solennel. À défaut d'initiations flamboyantes, de cérémonies inaugurales majestueuses, on commence discrètement, modestement : on s'insinue, on s'insère dans une brèche presque imperceptible du réel. On se faufile. Nos commencements se font le plus souvent par glissement, par infiltration. On monte dans le train en marche, on s'inscrit dans un mouvement plus large que nous. On est toujours « entre ». Comme l'herbe, on pousse entre les dalles, au milieu de ce qui existe déjà, en se frayant une petite place parmi les autres. Dans

*Différence et répétition,* Deleuze affirme que l'on commence toujours par le milieu. Commencer par le milieu, cela signifie commencer au sein d'un milieu et y composer un agencement, s'inscrire dans une certaine conjugaison de l'être. Pousser au milieu de ce qui existe déjà, c'est s'appuyer sur ce qui préexiste mais aussi le contourner ou le tordre, le faire dévier. On peut commencer « contre », dans les deux sens du terme, dans l'appui ou la résistance, et pousser dans les interstices, malgré le bitume, le fissurer, le soulever et le déformer par la puissance croissante des racines. Ce qui compte, c'est l'inflexion de la ligne, bien plus que son point de départ. C'est le pli que nous lui faisons prendre, la manière dont on s'immisce dans le réel qui sont intéressants, pas de savoir quels en sont le principe, le fondement ou la finalité. Ce qui importe, c'est l'apparition de la différence, l'inclinaison qui fait changer de direction. Dans *Pourparlers,* Deleuze affirme que « ce qui compte, ce ne sont pas les débuts ni les fins, mais le milieu. Les choses et les pensées poussent ou grandissent par le milieu, et c'est là qu'il faut s'installer, c'est toujours là que ça se plie ».

Mais cette affirmation est aussi le signe d'une nouvelle humilité philosophique face à la grande question métaphysique des fondements. Le principe, l'origine. Le premier moteur, la nature, le chaos des atomes, Dieu ? Immanence ou transcendance, archè ou logos, souffle ou esprit ? Avec ou sans majuscules, ce problème traverse et divise l'histoire de la philosophie occidentale. Deleuze nous propose de nous libérer de l'ambition de penser le fondement et, dans un même mouvement, de nous penser nous-mêmes comme créateurs. Cette prétention à définir l'origine va de pair avec le désir d'être au principe du commencement. Le présupposé d'un commencement radical s'articule sans doute au fantasme lié à l'image du créateur absolu. Être celui qui engendre le monde, être l'auteur du réel. L'auteur, Deleuze s'en souvient sûrement, est étymologiquement celui qui accroît, qui augmente, qui fait progresser. Il est origine de l'action, cause première d'un univers neuf.

Pourtant, il faut renoncer à cette figure. Nous ne sommes jamais les premiers, nous sommes pris dans un maillage, inscrits dans une trame, parlons avec les mots des autres, mélangeons leurs idées aux nôtres au point de les confondre. On monte dans le train en marche, on suit la cadence, on s'inscrit dans un mouvement plus large que nous. Penser est toujours un emprunt, une allusion même inconsciente, une reprise. Nous pensons avec les autres, au milieu d'eux, dans un « entre-deux ». Le « je » devient presque illusoire : chacun s'appuie sur les réflexions d'autrui, dans le dialogue, même silencieux et solitaire. En introduction de *Mille Plateaux*, que Deleuze co-écrit avec Félix Guattari, les auteurs rappellent qu'ils n'ont gardé leurs noms sur la couverture que « par habitude ». En réalité, disent-ils, « comme chacun de nous était plusieurs, ça faisait déjà beaucoup de monde ». Ce livre écrit à quatre mains est en fait peuplé, vivant, habité de mille mains, voix, corps, d'autant d'expériences, littéraires, philosophiques, éthologiques, artistiques. L'ouvrage s'ouvre d'ailleurs sur la reproduction d'une partition du compositeur et peintre Sylvano Bussotti, *Cinq Pièces pour piano pour David Tudor*, dont les annotations singulières semblent dessiner une sorte de paysage sur les portées musicales. Ainsi, la partition n'est plus seulement code, écriture, elle devient œuvre graphique, nouveau langage hybride. De la même manière, les œuvres s'entremêlent dans *Mille Plateaux* comme les différentes lignes mélodiques se superposent dans une composition.

Or cette stratification des plateaux, cette confusion des lignes, cette indistinction des voix est aussi la modalité selon laquelle nous pensons. La représentation de l'auteur créant son œuvre de toutes pièces est une construction fictive. Ce que je crois naïvement découvrir me préexiste. « Mes » idées ne sont jamais tout à fait les miennes, elles viennent d'ailleurs, me traversent, résonnent en moi, s'y inscrivent profondément ou passent leur chemin. Rien ne m'appartient vraiment, pas même ces réflexions immatérielles. La figure du sujet à l'initiative de la pensée se dilue dans leur labilité, leur flux, leur passage d'un individu à l'autre. « Ça n'a plus d'importance de dire ou de ne pas dire je ». Ça n'a même plus de légitimité. « Nous ne sommes plus nous-mêmes », poursuivent Deleuze, Guattari et d'autres, donc à travers eux « nous avons été aidés, aspirés, multipliés ».

Les commencements nous échappent, mais nous pouvons cependant identifier un début.

Nous sommes toujours seconds, mais les choses nous arrivent pour la première fois. Si la réflexion naît d'une rencontre, elle est aussi parfois expérience d'un saisissement. Happée par la « griffe d'une nécessité absolue », la conscience subit dans cette soudaine captation « une violence originelle, une étrangeté, une inimitié qui la sortirait de sa stupeur ou de son éternelle possibilité », ainsi que la décrit Deleuze dans *Différence et répétition.*

En ce sens, il y a bien dans ces dérives irrésistibles ce que l'on pourrait nommer des « débuts ». Quelque chose commence en moi, se déclenche, la pensée s'enclenche, sous une pression extérieure. Il faut comprendre, résoudre, déchiffrer ce qui résiste : « Il y a dans le monde quelque chose qui *force* à penser. » Deleuze, relisant Platon, nous rappelle qu'il y a deux sortes de choses : « celles qui laissent la pensée tranquille et celles qui *forcent* à penser ». Ce problème qui m'intrigue, m'obsède, m'oblige de manière impérative à la réflexion. Il s'agit moins là d'une décision que d'une contrainte : je suis conduit, presque malgré moi, à penser ce qui fait obstacle et violence. Quelque chose m'attrape par le col, m'érafle la tête, me brûle la rétine. Il faut que j'empoigne à mon tour ce qui vient de me harponner. « Ce qui est premier dans la pensée, c'est l'effraction, la violence, l'ennemi » : ce qui présente un danger, ce qui me déstabilise, me fragilise, ce qui s'impose en moi à mon corps défendant. Ce qui m'oblige à sortir des chemins habituels, ce qui déroute, me fait dévier. Le début, c'est quand le réel nous égratigne, nous provoque, nous bouscule, c'est ce moment où l'idée « naît par effraction, du fortuit du monde ». Cette rencontre contingente avec ce qui polarise de manière irrésistible mon attention est bien à l'origine d'« une passion de penser ». *Cogito aberro*, pourrait-on parodier. Je pense parce que je me suis égaré. La réflexion est une « aventure de l'involontaire ». C'est donc une tout autre manière d'envisager à la fois le commencement philosophique, qui n'en est jamais véritablement un, et les commencements en général que propose Deleuze. Ce qui me convoque tient de la nécessité extérieure bien plus que d'une volonté propre, le mouvement est donc en réalité involontaire, au sens où il n'est pas le fruit de la résolution d'un sujet : « Le point de départ [...] ne se constituera plus par la libre décision du penseur, mais par une nécessité qui vient de l'extérieur. » Le début serait peut-être dans cette perspective le pli qui initie le mouvement aberrant.

# *Let's pretend*

« *Fake it till you make it.* »

La toute petite fille – a-t-elle déjà un an ? – est allongée dans son transat quand elle se met soudainement à parler une langue inconnue. Pendant un long moment, elle déroule sérieusement un discours qu'on ne comprend pas, mais dont on saisit l'intensité à son implication. Elle s'adresse à nous, concentrée, elle a quelque chose à nous dire. Spontanément, nous nous taisons pour lui laisser la parole. Dans notre souvenir commun, c'est la première fois que notre fille nous parle. Car, même si nous ne comprenons pas cette langue qu'elle invente, nous sommes interpellés par son intonation qui est une adresse, par l'inflexion de la voix. Le rythme et les respirations sont ceux d'un récit, les accentuations sonnent comme du français, même si les mots ne le sont pas. Elle ne demande rien, elle n'a ni faim ni mal, elle parle d'elle peut-être, elle exprime quelque chose d'important à hauteur de trois pommes. Nous l'écoutons, émus par la mélodie de sa petite voix qui, pendant un quart d'heure peut-être, nous raconte de toute évidence quelque chose d'essentiel. Ce soir-là, par ce discours presque inaugural, cette première parole qui semble si personnelle d'une toute jeune enfant, elle entre pleinement dans le langage, sans pourtant maîtriser la langue. Elle n'exprime plus seulement ce qui est de l'ordre du besoin, de la vie pratique, de la satisfaction physique, mais elle semble goûter à un plaisir de l'expression qui est peut-être, déjà, expression de soi. Elle s'approprie le langage oral en tant qu'il est ce lien à l'autre, articulation de soi avec les autres et entrée dans le monde des échanges immatériels.

Merleau-Ponty analyse les premiers pas dans le langage, ses « anticipations » qui se manifestent « dès le début de la vie ». L'enfant commence par « parler en général ». On pourrait dire qu'il « jou[e] à parler ». Il y a du sérieux dans ce jeu, puisqu'il traduit le désir d'entrer dans une communauté de langage : « L'enfant attiré, pris dans le mouvement du dialogue autour de lui, s'y essaye. » Dans cette imitation qui est aussi invention d'une autre langue, on dépasse l'usage premier du langage, celui qui s'inscrit dans la continuité du corps dont il est la voix, dont il dit les sensations, les besoins. Ainsi, ces mots qui n'existent pas sont peut-être plus singuliers, personnels. Le langage cesse d'être prolongement et expression du corps, il se détache de son enracinement originaire dans la sensibilité immédiate et s'impose comme désir de lien et affirmation de soi.

D'une manière qui peut surprendre, Merleau-Ponty dit la richesse de ce « babillage », de ce qui précède le langage. Il propose une analogie : « Il y a le même rapport entre babillage et langage qu'entre gribouillage et dessin. » On serait tenté de dire que le dessin et la langue sont l'aboutissement de ces premières formes brouillonnes, comme une sorte d'« élagage ». Ce n'est pas l'interprétation de Merleau-Ponty qui insiste sur la « richesse extraordinaire » du babillage : il « comprend des phénomènes n'existant pas dans la langue qu'on parle autour de l'enfant ». Cette « langue polymorphe », pleine de termes inouïs et incompréhensibles, persiste peut-être dans la vie adulte, dans l'opacité intérieure, où la confusion précède la précision. On fouille bien à la recherche du mot juste, de la formulation exacte. En quelle langue pensons-nous obscurément ? Nous réitérons sans cesse, sans nous en apercevoir, cette entrée dans le langage.

On peut d'ailleurs se demander si on ne reste pas dans certains domaines au stade du babillage, dans la joie des balbutiements, sans atteindre la maîtrise de la langue. N'est-ce pas ce qui nous arrive quand nous apprenons, tardivement, un nouveau langage du corps ?

J'apprends les claquettes. Oui, à mon âge. Aucune grâce, à peine le sens du rythme, j'ai l'air d'un pantin désarticulé. Si on est honnête, je joue des percussions avec mes pieds, je fais du bruit, ça ne va pas plus loin. Rien de cette gymnastique un peu ridicule ne ressemble ni à une danse ni à une chorégraphie. Peu importe. L'ambition n'est pas là. Ce qui compte, ce sont les chaussures aux talons qui claquent, le swing, les images que l'on a dans la tête en gesticulant maladroitement : la chorégraphie de *Singin' in the rain*, l'élégance de Fred Astaire. Ce qui compte, c'est le sentiment d'entrer dans le film, de s'approcher de la scène, de ressentir quelque chose de cette énergie, ce détachement enjoué. On parle en chantant, on se déplace en sautillant ou en virevoltant sur nous-mêmes. Cette légèreté, cette insouciance.

Pourquoi apprendre, à l'âge adulte, à jouer de la clarinette, à danser le tango ou à parler russe ? À quoi bon commencer ce qu'on ne parviendra sans doute jamais à bien maîtriser ? Cette manière de penser n'est qu'un argument paresseux et manque ce qui se joue dans ces initiations à de nouvelles pratiques : l'accès à des émotions neuves, à des relations inédites avec les autres. On s'immerge dans un univers qui restait à distance, on passe de spectateur à acteur, malhabile, hésitant certes, mais on entre dans la scène comme Cecilia, la spectatrice de *La Rose pourpre du Caire*. On ne se contente plus de regarder ou d'écouter, on ressent. Cet apprentissage intensifie le rapport que nous avions déjà à la musique ou à cette langue étrangère, elle lui donne une matérialité, une corporéité, elle en est la manifestation concrète, même maladroite, dans des mouvements décalés ou des phrases bancales. Dans ces tentatives, le sujet passe d'une posture passive à une initiative, qui est réveil, renouvellement de soi. Ce monde qui s'entrouvre permet un nouvel agencement du désir de soi. C'est un autre moi qui apparaît dans cette tenue de sport ou ce costume de théâtre, un autre moi qui chante presque juste dans cette chorale. On apprend sans l'obsession de la performance, du progrès. Bien au contraire, cette gratuité du commencement ajoute au plaisir de la nouveauté. De ce début, on n'attend rien d'autre que le plaisir qu'il procure.

Mais il se joue autre chose si je décide d'apprendre tardivement à lire et écrire, à nager, à faire du vélo ou à conduire, de passer un concours ou d'obtenir un diplôme. Le sujet se confronte alors à sa honte ou son angoisse. Apprendre ce qu'on est déjà censé savoir faire, ce qu'on aurait dû comprendre depuis longtemps. Débuter, recommencer à zéro, reprendre les études. Réapprendre à apprendre, pour de bon, cette fois. Se remettre dans la position de celui qui ne sait pas après des années à faire semblant, à détourner les soupçons. Ou encore, se prouver qu'on en est capable, que la reconnaissance a simplement été différée mais qu'elle est encore possible. Difficile humilité et grande joie aussi de ces débuts-là, dans la maladresse ou l'excitation des essais réussis, le découragement et l'espoir retrouvé malgré des tentatives vaines, la lenteur des progrès.

À tenir debout sans béquilles, on retrouve cette exaltation presque adolescente de celui qui s'extrait du familier pour faire une plus grande place à sa singularité. Conquérir et apprivoiser une nouvelle autonomie. Grandir, étendre le domaine de nos possibilités, prendre le risque d'échouer. Se sentir démuni, désarçonné ou curieux, impatient de se débrouiller tout seul. Découvrir ce dont on est capable seul, à dix-huit, quarante ou soixante-quinze ans.

Dépasser les peurs enracinées, le sentiment d'un impossible. Se libérer du poids des échecs passés, des interdictions tacites, des regards méprisants qui ont tracé la ligne de l'inaccessible. Apprendre est aussi une réparation : on comble les trous où l'existence s'est abîmée, où le sujet a décroché : l'école où on ne pouvait plus aller, le souvenir paralysant d'un accident, les paroles stigmatisantes. Travailler à une nouvelle fierté, presque enfantine. Réussir deux fois : à réaliser l'action et à surmonter le préjugé de nos propres limites. Vaincre l'appréhension en corrigeant une certaine image de soi. Se confronter à la possibilité de l'échec pour en faire disparaître la hantise.

Commencer par faire semblant, c'est le jeu même de l'existence, où l'on commence à jouer avant d'avoir appris, où l'on apprend les règles en jouant. On commence par une première partie « pour rien », une partie blanche, où l'on comprend déjà, au-delà des règles, tout ce qui y déroge : les tricheries, le bluff, l'implicite et les autres enjeux, affectifs, psychologiques. On découvre les interprétations relatives des règles, les bons et les mauvais joueurs, la catégorie à laquelle on appartient. Quelque chose se révèle dans notre manière de jouer, de prendre la partie trop ou pas assez au sérieux, d'aimer gagner, de détester perdre ou d'y être indifférent.

Dans le jeu, on s'approche progressivement de celui que l'on veut devenir, en adoptant d'abord sa forme, son apparence, on se recouvre de son enveloppe : on imite, on reproduit les gestes, les postures, les intonations, jusqu'à se fondre en lui, jusqu'à l'incarner, l'habiter de l'intérieur. Entrer dans la peau du personnage, le sentir prendre chair. Mais ce n'est pas un pur mimétisme, une copie stérile d'un archétype, comme le garçon de café dans *L'Être et le Néant*. C'est déjà une interprétation, la création d'une certaine version de ce personnage. Le jeu est cette aire intermédiaire entre le virtuel et le réel, entre ce que je ne sais pas faire et ce que je peux faire. Faire « comme si », c'est déjà faire. Comme l'a défini le pédopsychiatre Donald Winnicott, notamment dans *Jeu et réalité*, le jeu n'est pas soumission ou acquiescement à un modèle extérieur qu'on ne ferait que reproduire, il est création. Il est ce lieu où l'enfant se surprend lui-même, cette interface où se chevauchent réalité et imaginaire. Par le jeu, ce dernier intériorise les attitudes et développe les aptitudes du personnage dont il s'inspire. En ce sens, les jeux sont très sérieux. Qui de plus concentré qu'un enfant qui joue ? À force d'endosser les habits d'un personnage, on finit par les faire nôtres et mélanger nos substances. À moins qu'on ne continue indéfiniment à faire toujours un peu semblant de savoir ce que l'on fait.

Dans le jeu, on s'entraîne, on s'exerce, on s'essaie. Cesse-t-on jamais de le faire ? Ne passons-nous pas notre vie à nous essayer, comme le soutient Montaigne ? Le jeu est aussi ce plaisir de la variation. Changer de rôle, inventer des scènes, transporter son personnage en dehors du cadre, sortir dans la rue déguisé, dîner en super-héros. Grâce à l'enveloppe du personnage, la réalité elle-même est moins rigide, elle accueille l'enfant et son histoire, elle se déforme pour faire une place à la fiction. Le jeu enfantin est cette pointe de l'imaginaire qui troue le réel, crée une brèche dans sa densité. C'est aussi sans doute le plaisir de cet entre-deux de l'identité, dans la mouvance des dénominations, des temporalités et des pouvoirs, le plaisir de se défaire d'une manière d'être. En ôtant sa cape, en déposant son arme de carton ou son stéthoscope en plastique.

Faire entrer l'imaginaire dans le réel permet de distendre nos rapports au monde extérieur. Doubler la réalité d'une trame imaginaire la dote d'une profondeur ouverte par cet horizon rêvé, rend le monde moins brut, là où il peut sembler massif et inquiétant, vertigineux ou inaccessible à hauteur d'enfant.

Or dans cet horizon fictionnel se déploie la possibilité d'une vérité du sujet. Dans le jeu, on apprivoise ce que Merleau-Ponty, dans ses *Cours de la Sorbonne* consacrés à la psychologie et à la pédagogie de l'enfant, nomme l'« imagination de soi-même », qui est bien au commencement de la « création de soi par soi ». Ainsi, on glisse de la fiction au réel, du rôle qu'on imagine à celui qu'on incarne. Toute vie est une « invention de soi », c'est moi qui interprète les données factuelles de mon existence. On pourrait alors poser la question des débuts autrement. Quelque chose apparaît sans doute lorsque ma manière d'habiter ce rôle devient de plus en plus évidente, sincère. Le début se caractériserait par une authenticité, une implication forte : « On se donne sans reste au rôle que l'on a décidé de jouer. » Je commence par jouer le professeur, par le mimer, d'une manière un peu caricaturale, je m'oblige à être strict, sévère, à m'exprimer dans une langue soutenue, sans familiarité, je ne tolère aucun désordre. Au fur et à mesure des semaines, je desserre le corset. Je ne suis plus sans cesse dans le dédoublement et le contrôle du personnage, juge et partie, je me fonds dans le rôle et l'interprète à ma façon, avec ma propre gestuelle, des attitudes plus naturelles, un langage métissé. Je m'éloigne de l'archétype, pour incarner un enseignant à ma manière, j'en suis une certaine version. « Toute vie, dit Merleau-Ponty, est l'invention d'un rôle qui n'existe que par l'expression que je lui donne. » Quelque chose débute quand, dans l'expression de soi, se manifeste une signification nouvelle qui éclaire autrement notre passé, marquant le début d'un autre rapport à soi, d'un autre récit de soi. Ainsi, dans la vie d'un individu, il existerait des « moments féconds où il est particulièrement expressif de lui-même, où il charge d'un sens inattendu et qui lui appartient certaines données du passé ».

## Ma vie avant moi

« Philosophiquement, l'idée principale
est la plus obscure, c'est celle
de mon commencement. »

Paul Ricœur

L'enfant fait défiler les images d'un album, se cherchant sur les photos. Les plus anciennes ne lui rappellent rien. Elle ne se souvient pas de cette plage où elle a fait ses premiers pas, ni de cette soirée où elle a parlé longuement, très concentrée, dans une langue mystérieuse. Pour ses parents, ces moments, cette entrée dans la bipédie et l'équilibre instable, ou dans le royaume du langage et de ses improvisations poétiques, sont essentiels. Ce sont des débuts émouvants. Mais l'enfant les a oubliés. La conscience ne se double que lentement d'une mémoire fixant pour elle-même ses propres débuts. Nombreux d'entre eux sont perdus, d'autres sont conservés par nos proches. Pour le philosophe Paul Ricœur, la question de notre naissance est en fait celle de notre commencement. Quand ma vie commence-t-elle ? Plus exactement : à quel moment *je* commence ? On comprend bien que ces deux commencements ne coïncident pas, même si les récits nous le font croire. Ma naissance m'échappe. Les origines disparaissent, elles « fuient » devant nos tentatives pour saisir le commencement d'une existence ou d'une subjectivité.

Je suis toujours la dérivée d'une équation antérieure. Je procède d'un mouvement que je n'ai pas initié. Ma naissance m'inscrit dans une logique de la nécessité. Je suis en vie sans avoir rien demandé. Les adolescents savent le rappeler à leurs parents. Dans *Philosophie de la volonté*, Ricœur le formule à sa manière, mais l'idée est la même : cette première contrainte – être né – est la source de toutes les autres : « Elle tient en germe toutes les foliations de cette nécessité qui porte ombrage à ma liberté. » Et me voilà jeté dans le monde, toujours en retard sur ma naissance, dépossédé du début et de la décision de mon existence. Je suis

« déjà né », « toujours après ma naissance ». J'arrive après : « J'éprouve la vie comme ayant commencé avant que je commence quoi que ce soit. »

Mais ce n'est pas tant le commencement de ma vie au sein du monde que mon commencement comme sujet qui importe ici. Comment la subjectivité émerge-t-elle de ce fond vital, est-ce ma naissance qui se dérobe à ma conscience ou l'émergence de cette conscience singulière elle-même ? Puis-je apparaître à moi-même sur autre chose qu'un fond obscur ? « Rien ne m'atteste qu'il y ait un commencement de moi-même et que ce qui se dérobe à ma conscience soit précisément ma naissance. » C'est bien mon propre commencement qui m'échappe, plus encore que ma naissance.

Par un étrange paradoxe, dit Ricœur, ce n'est que « par la subjectivité que la naissance pourr[a] être un commencement » : c'est parce que le sujet considère la naissance comme le point de départ de son existence qu'elle devient commencement. Biologiquement, à l'échelle du vivant, la naissance s'inscrit dans une continuité, une logique de transmission. Elle participe au mouvement métamorphique du vivant.

Pourtant, le sujet peut la relire comme début de son histoire. Ainsi, elle devient pour lui commencement et non simple continuation. L'interpréter ainsi suppose d'en négliger la contingence. La naissance tient à une « monstrueuse collision du hasard, de l'instinct et de la liberté d'autrui ». Autrement dit, il ne s'agit pas du fruit d'une décision ou du fait d'une ou plusieurs volontés, mais bien d'une combinaison imprévisible de facteurs qui font par exemple qu'un frais matin de février 1917, le petit Paul Ricœur naquit à Valence, bien ignorant des réflexions profondes que cet événement lui inspirerait un jour : « Je ne me pose pas moi-même, j'ai été posé par d'autres. Cette existence brute, je ne l'ai pas voulue ; d'autres l'ont voulue ; pire, ils ne l'ont pas voulue exactement. » À défaut d'une crise d'adolescence, c'est un doute profond sur des présupposés majeurs de l'histoire de la philosophie que ces questions soulèveront : le cogito lui-même devra composer avec le « trouble de la-vie-derrière-moi-adhérent-à-moi ». Cette prétention de la conscience à l'auto-fondation est bien embarrassée par cette vie derrière moi, cette vie en avant de moi, précédant une conscience claire de moi-même.

Ricœur constate donc notre incapacité à saisir le commencement du sujet. Cherchant un principe unificateur, on se retrouve face à sa démultiplication en un arbre de possibles, un infini de combinaisons où s'égare toute prétention à la singularité. Tout regard objectif porté sur le phénomène biologique de la naissance rend plus hasardeuse encore cette pseudo-nécessité du moi. Je ne suis plus une dérivée, mais le résultat d'une gigantesque loterie : « Je m'apparais à moi-même comme une combinaison probable parmi un nombre considérable de combinaisons possibles qui ne se sont pas produites. »

Dans ce vertige des probabilités, on est tenté de renoncer à notre quête de l'originaire : « Il n'y a point ici de commencement au sens radical où "je" commencerais d'être. Voici déjà que s'évanouit cette idée de commencement. » Tout au plus peut-on parler d'un « pressentiment du commencement ». Finalement, cet effort pour saisir son propre commencement reconduit le sujet à une conscience confuse, une limite vague et fuyante, l'apparition des plus lointains souvenirs. Ce commencement n'est qu'entraperçu sur fond d'une continuité vitale : « La plus obscure conscience me trouve toujours déjà en vie. » La conscience subjective est traversée par « l'obscure empreinte et tendre nostalgie de cette continuité vitale ». Mon propre commencement me manque et me ramène à des attachements plutôt qu'à un geste qui ne relèverait que du sujet lui-même. Je ne suis pas seulement en retard sur la vie qui me précède, je suis dans cette vie grâce aux autres. La conscience vague que j'ai des premiers moments de mon existence se mêle toujours à leur présence. Elle est « ombilicale », selon Ricœur, elle dit les vies entremêlées, elle est conscience des liens et de la dette : « Conscience brumeuse d'être suspendu à d'autres êtres et de leur devoir aussi son être, conscience de mes attaches [...] conscience ombilicale. »

C'est cette idée que reprend le psychanalyste François Ansermet dans son ouvrage *Clinique de l'origine* : « Toute existence est toujours seconde. [...] On ne peut pas se créer soi-même. On reste toujours en dette par rapport à ce qui précède. » De cette dette, je ne peux m'acquitter. Je suis débiteur à l'égard de celles et ceux qui me donnent la vie ou la sauvent.

Mes proches, des amis, des inconnus. Des parents, des soignants, des éducateurs. Face à cet incommensurable, chacun d'entre nous est pris dans la démesure d'une réciprocité impossible, dans une dépendance symbolique absolue. Mais, précisément parce que je ne peux m'en acquitter, j'en suis de fait libéré. Le contre-don est impossible. Être un éternel débiteur supprime la perspective même d'un devoir. Mais je suis aussi en dette, comme le dit très subtilement Ansermet, vis-à-vis de « *ce* qui précède ». C'est *ce quelque chose-là* qui est source d'interrogation pour le sujet. Quel est cet événement qui me précède ? Il n'en reste qu'une trace corporelle, une cicatrice. Si la conscience du sujet est ombilicale, cette trace de la rupture qu'est la naissance signifierait d'après Ansermet l'impossible retour à l'origine : « Toute quête de l'origine bute sur un ombilic, cicatrice laissée dans le corps après une première séparation, signe de l'entrée dans le temps, qui implique à la fois un futur indiscernable et un passé inaccessible. »

Ce manque, ce blanc, cette page arrachée – celle qui raconterait notre origine – est notre chance. Elle nous permet d'échapper à un début trop déterminant, à une origine décidée par d'autres.

> C'est sur la page manquante de son origine que le sujet peut se construire. C'est sur une origine manquante que, paradoxalement, il advient. [...] Chacun devient l'interprète de cette part inaccessible. Chacun est ainsi à l'origine de ce qu'il va devenir.

Ainsi, dans cette herméneutique personnelle, nous déployons notre propre identité à travers un récit. La perspective selon laquelle chacun envisage son origine est déjà un signe d'affirmation ou d'expression de sa singularité. Ce que je fais de ce manque, comment je l'habite, le peuple, l'anime, c'est une première manière de dire « je », de m'inscrire dans un processus que je conduis moi-même. Ce manque devient un espace, une respiration où le sujet peut se réapproprier son histoire. Il échappe ainsi à une détermination trop marquée qu'une origine définie donnerait au développement de sa personnalité. C'est donc moi qui décide du commencement de mon histoire, éminemment subjective. Mais cette puissance est aussi ma vulnérabilité. Je peux malgré moi me laisser impressionner par un événement et l'instaurer inconsciemment principe de mon existence. Je peux relire celle-ci dans l'ombre d'un traumatisme, tout y référer, comme si tout avait commencé avec lui. C'est bien moi qui concède sans le vouloir une puissance à un accident, une période, une relation :

> Le sujet peut se piéger dans sa construction, rester fasciné par un trait de son histoire, par un événement [...]. Il peut se trouver capté par un élément qui vient à la représenter complètement [...], comme un traumatisme par exemple, dont il fait une nouvelle naissance [...] sans réaliser que c'est lui qui se détermine. Fasciné par ce qu'il pense être sa cause, le sujet subit un destin qu'en fait il s'impose en répétant son histoire dans le présent, en projetant son passé dans l'avenir.

Mon récit alors bégaie, encerclé par la souffrance traumatique. Il est même parfois impossible.

# Je suis né

> « La question n'est pas "pourquoi continuer", ni "pourquoi n'arrivé-je pas à continuer" [...] mais "comment continuer". »
>
> Georges Perec

Il y a des débuts de phrases qui appellent une suite, il y a des verbes qu'on ne laisse pas en suspens, qui attendent leur objet et, avec lui, un sens, une explication. Il y a des histoires qu'il faut déplier. Ainsi, comme le remarque Georges Perec, « il est difficile d'imaginer un texte qui commencerait ainsi : Je suis né ». Le verbe appelle un complément, de lieu, de temps, de manière ; un repère qui situe cette naissance et dit la singularité de cet événement. « Je suis né » sonne bien étrangement. Si la phrase achoppe malgré le « point final », c'est bien que cette naissance pose problème.

Le récit de ce qui s'ensuit n'est pas facile à dérouler. On peut même penser cette « quasi-impossibilité de continuer » comme centrale, puisqu'elle constituerait, selon Perec, la « substance » de ses ouvrages antérieurs. La phrase « Je suis né », dans sa brièveté inhabituelle et l'impression d'absurdité qu'elle produit, est un symptôme. Perec le souligne : on s'arrête rarement là. « On peut par contre, ajoute-t-il, s'arrêter dès la date précise. Je suis né le 7 mars 1936. [...] En général, on continue. C'est un beau début, qui appelle des précisions, beaucoup de précisions, toute une histoire. »

Pourtant, ce « beau début » semble figé, comme si le temps était gelé et que la narration butait sur un obstacle, incapable de poursuivre au-delà de cette donnée factuelle, administrative. On ne parvient pas à transformer ce début en commencement, à passer du point au tracé d'une ligne, même brisée.

La nécessité du récit tout autant que son échec semblent évidents, l'enjeu est celui du surmontement et de la méthode. Mais c'est aussi la question de la fin. Où mettre le point final ? se demande Perec. À quelle(s) fin(s), dans tous les sens du terme, nous mène le récit de notre propre histoire ? On peut considérer que le récit doit s'achever lorsque ce qui devait être raconté ou révélé l'a été. Ainsi, clore le récit est aussi le signe d'une ouverture : l'existence se dénoue, la parole témoigne d'une fluidité psychique. Le récit débloque et provoque : il résonne pour les autres, proches ou inconnus, et déclenche parfois des réactions imprévisibles. Raconter son histoire, c'est toujours aussi raconter l'histoire de tous ceux dont la vie a été entremêlée à la nôtre, c'est dévoiler un pan de leur existence qu'ils pourraient préférer ne pas voir exposé, c'est parfois trahir. C'est aussi parler de ceux que l'on ne connaît pas mais qui se reconnaîtront dans nos mots, en seront bouleversés. C'est peut-être parce que j'appréhende les effets d'un récit que je ne parviens pas à le commencer. On sait les déflagrations en rafale que peuvent provoquer les textes autobiographiques ou les romans familiaux. Peut-être enfin parce que je crains la violence de ma propre histoire.

Donc, ce commencement ne se fait pas. Il n'y a qu'un début de phrase, qui bute et reste suspendu. Certes, il y a une date, mais elle ne suffit pas. Rien ne commence, poursuivre semble une tâche insurmontable. Tirer sur le fil serait se perdre dans une narration labyrinthique. Alors, au lieu de commencer, on défait, on renonce :

> Je recule peut-être devant l'ampleur de la tâche, dévider, encore une fois, l'écheveau, jusqu'au bout, m'enfermer pendant je ne sais combien de semaines, de mois ou d'années [...] dans le monde clos de mes souvenirs, ressassés jusqu'à la satiété, jusqu'à l'écœurement.

S'il faut refaire le récit, le reprendre, c'est qu'il a déjà été entamé, sans jamais parvenir à autre chose qu'à des redites et un engourdissement nauséeux. Commencer véritablement, ce serait se confronter à ce qui n'a pas encore été dit de cette histoire, à ce qui résiste. C'est chercher ce que les mots cachent bien plus qu'ils ne révèlent, dans un jeu douloureux du sujet avec lui-même pour ne pas dire ce que pourtant il écrit. Ainsi, on commence parfois à écrire sans savoir ce qui va s'écrire, presque malgré nous, en deçà de nous ou par-delà. On commence à écrire sans imaginer ce que ce geste nous apportera, sans en comprendre la nécessité. On écrit sans connaître « la faille que cette fascination dévoile et révèle ». Mon « histoire » n'est parfois qu'un rempart contre une vérité trop vive, une façade dissimulant l'impossible récit. Je me raconte des histoires pour ne pas raconter la mienne. Dans ce petit jeu de cache-cache avec moi-même, cette pseudo-vérité ne trompe que nous. « Je ne manque pas d'ingéniosité », ironise Perec. Mais je finis par m'y piéger. Je deviens malgré moi prisonnier de ce récit.

> L'écriture me protège. J'avance sous le rempart de mes mots, de mes phrases, de mes paragraphes astucieusement programmés. Je ne manque pas d'ingéniosité. Ai-je encore besoin d'être protégé ? Et si le bouclier devient carcan ? Il faudra bien, un jour, que je commence à me servir des mots pour démasquer le réel, pour démasquer ma réalité.

Comment alors libérer le récit et le commencer vraiment sans l'ensevelir dès le début ?

Nous traversons peut-être tous ces moments où l'histoire se fige. Les gestes sont gelés, les paroles impossibles, comme si nous étions nous-mêmes mis en question dans notre réalité. Cette paralysie fait de nous des êtres presque fictifs. On ne parvient plus à continuer, on reste bloqué au tout début du récit, sans réussir à s'ancrer dans la matérialité du monde. Je ne suis plus auteur, mais personnage dans les récits des autres, comme le décrit Fernando Pessoa dans son *Livre de l'intranquillité* :

> Je marche, incertain et allégorique, être irréellement sensible. Je suis comme une histoire qu'on aurait racontée, et si bien racontée qu'elle aurait pris chair, mais sans bien pénétrer en ce monde où nous vivons, roman réduit à un début de chapitre : « À cette heure on pouvait voir un homme descendre lentement la rue de... » Qu'ai-je à voir avec la vie ?

L'intranquillité est ce sentiment douloureux de rester au seuil de l'existence, dans le survol de sa propre vie. De ne pas réussir à entrer dans notre propre histoire, à nous inscrire dans le réel. C'est la difficulté à se sentir présent, pris dans la matière du monde.

# Promesses de l'aube

« Avec l'amour maternel, la vie vous fait, à l'aube, une promesse qu'elle ne tient jamais. »

Romain Gary

Comment le début de notre vie imprègne-t-il le reste de notre existence ? Les schémas affectifs, dans leur stabilité ou leur démesure, creusent l'attente. On cherchera à retrouver cette tonalité émotionnelle. Certains vivent dans la nostalgie des débuts, celle d'une enfance marquée par un amour inconditionnel. On est parfois trop aimé, selon Romain Gary. Dans *La Promesse de l'aube*, l'amour maternel, premier, exclusif, crée chez Romain le désir d'une même intensité. Il laisse un abîme impossible à combler. Cet amour total ne trouvera jamais d'équivalent, toutes les aventures sentimentales du jeune héros n'en seront que des versions décevantes. La promesse de l'enfance, celle d'un amour absolu qui défie même la mort, personne ne pourra jamais la tenir. Cette fausse bénédiction ôte toute sa saveur à l'existence. Son souvenir nous tenaille.

> Il n'est pas bon d'être tellement aimé, si jeune, si tôt. Ça vous donne de mauvaises habitudes. On croit que c'est arrivé. On croit que ça existe ailleurs, que ça peut se retrouver. On compte là-dessus. On regarde, on espère, on attend. Avec l'amour maternel, la vie vous fait, à l'aube, une promesse qu'elle ne tient jamais. [...] Vous êtes passé à la source très tôt et vous avez tout bu. Lorsque la soif vous reprend, vous avez beau vous jeter de tous les côtés, il n'y a plus de puits, il n'y a que des mirages.

Quand la totalité nous est donnée dès le début, toute autre expérience n'est que son ombre. L'amour immense de Mina pour son unique enfant est source d'illusions. Gary met en garde contre l'amour d'une femme dont l'enfant est le seul objet. Cette mère trop aimante ne prépare pas à la déception du monde, à la médiocrité des autres, à leur cruauté ou leur indifférence. Jamais plus on ne nous aimera autant, jamais peut-être nous ne serons nous-mêmes capables d'aimer autant en retour.

Un trop grand début rend la répétition impossible, les duplicatas sont décevants, le monde n'est plus qu'une piètre copie, maladroite et grise. On a touché à l'absolu, dont on ne se remet pas. Ce début est déjà la fin, il est déjà tout ce qui peut être donné. Grandir dans trop d'amour nous fait espérer un monde qui prolongerait cette expérience d'émerveillement et d'enveloppement. C'est sans doute à cela que tient notre nostalgie des débuts. Au souvenir réel ou fantasmé d'un amour idéal que nous aurions connu enfant. On attend encore ce qu'on a déjà reçu.

Pourtant, comme si indéfectiblement la ligne de l'espoir continuait son tracé en nous, silencieusement, nous nous surprenons à croire à d'autres promesses, à une aube nouvelle et au retour de l'amour. Certes, il y a de l'irréversible, et nous ne sommes pas préservés de l'usure du temps. Il reste pourtant, au creux même du chagrin ou de la séparation, l'espoir secret d'une « dernière récolte », selon les mots du romancier Nicolas Mathieu. Car ce qui s'est achevé continue en nous, cette vie « indigène » de l'amour en nous poursuit ses germinations sauvages, dans l'impatience du printemps. L'attente est cette vie parallèle plus vive peut-être, plus habitée :

> [...] tout amour est une peuplade indigène, avec ses rites, sa grammaire, ses ennemis, ses sacrifices et les semailles qui referont le printemps. Et je suis plein de ces graines qui portent en elles, repliée et fragile, la possibilité d'une dernière récolte. Je tiens tout, ne t'en fais pas. Un jour, je ferai ce geste idéal et circulaire, et jetterai sur le sol éventré la semence de nos heures perdues. En attendant, je suis dans la lente patience du recommencement.

En attendant, on mime le grand geste, on imagine les moissons généreuses. On dessine le cercle imaginaire d'un bonheur à venir.

# N'aimer que les débuts

« Je ne désire de l'amour
Que le commencement. »

Mahmoud Darwich

On peut être tenté de ne vivre que des débuts, des premières fois, pour éprouver la puissance des émotions qu'ils déclenchent. Les balbutiements, les effleurements, les hésitations timides, les premiers frissons. Les signes des sentiments naissants, l'instant où « leurs yeux se rencontrèrent ». De la mélodie, on ne retient que les notes initiales. On reste dans l'insouciance des premiers instants. À s'aventurer plus loin, on risquerait de perdre la légèreté et la grâce des débuts amoureux. Ainsi, on ne garde de l'amour que cette première envolée, son éclaircie, et on esquive les intermittences de la passion, on évite de s'empêtrer dans une histoire. On reste, comme l'esthète, à la superficie du réel, sur la crête des sentiments. On ne veut que les débuts, les étincelles, les instants saillants. On saisit cette poignée de débuts, ces petites excitations qui accélèrent le rythme des corps, qui créent une intranquillité joyeuse. On jette un peu d'éclat sur le monde avec ces débuts de romance, scintillements éphémères. On est grandiose dans la scène d'ouverture, on disparaît au premier acte.

Est-on désabusé ou simplement prudent face à la puissance dévastatrice de la passion ? Cette brûlure nous détruit, nous sommes incapables de la supporter durablement. Parce qu'elle est pure dépense, jusqu'à l'épuisement du sujet, elle nous consume comme un incendie intérieur. En ce sens, il faudrait peut-être déjà se méfier des débuts. Il suffit à Phèdre d'apercevoir son « superbe ennemi », son beau-fils Hippolyte, pour en tomber éperdument amoureuse : « Je le vis, je rougis, je pâlis à sa vue / Un trouble s'éleva dans mon âme éperdue / Mes yeux ne voyaient plus, je ne pouvais parler / Je sentis tout mon corps et transir et brûler. »

Et tous ses efforts pour l'éloigner d'elle seront vains. Dire cet amour monstrueux, c'est faire advenir la tragédie. Rompre le silence, avouer cette « fureur », c'est le condamner et se condamner avec lui. Le début du récit est basculement, l'aveu dès le premier acte est déjà criminel. Le commencement contient en lui-même sa fin. « Par où commencer ? » se demande Phèdre, quand commencer annonce l'horreur à venir ?

Heureusement, il est des débuts suspendus qui ne mènent pas à la catastrophe. Certaines histoires ne sont que des débuts. C'est peut-être le fait de les savoir sans suite, de les identifier comme un pur commencement qui nous séduit. Prenons un homme et une femme. Ces deux étrangers ne se reverront pas, et c'est précisément la condition de leur brève relation, plus poétique qu'il n'y paraît. C'est une aventure d'une nuit : « ces deux jeunes gens qui ne peuvent être que des étrangers l'un à l'autre sont pour une nuit confondus », observés de loin par J.-B. Pontalis dans *L'Amour des commencements*. Cette rencontre, définie d'emblée par sa logique de l'instant, ne dit-elle pas aussi la beauté d'une confusion éphémère des cœurs et des corps ? Ces relations « sans lendemain » sont faites pour n'être que des débuts. Ce lieu de passage, la situation inhabituelle condamnent cette rencontre à ne durer que quelques heures. Parce qu'on est au point de collision de deux lignes qui n'auraient pas dû se rencontrer, ce point du temps deviendra invisible. Il sera perdu dans l'histoire. Les protagonistes, parce qu'ils ne partageront que cet éphémère, en font un moment intensément habité, vécu, dans la vérité qui est peut-être le privilège de ces commencements hors du temps. Cette union fragile dit la force de la rencontre en elle-même, quel qu'en soit le devenir, l'essence même d'une rencontre.

> D'où nous vient l'amour des commencements sinon du commencement de l'amour ? De celui qui sera sans suite et peut-être par là sans fin ?

La disparition à l'horizon de cette présence partagée intensifie cette présence à l'autre et fixe ces instants suspendus. Peut-être est-ce parce qu'il se sait « sans suite » que cet *amor interruptus* durera indéfiniment, préservé de toute altération, dans la mémoire de ceux qui l'ont partagé ?

## Mille premières fois

« La première fois. La première fois existe-t-elle ? La première fois n'est-elle pas que l'une de mille premières fois où tout commence, où tout finit ? »

Santiago Amigorena

Fait-on seulement l'expérience des commencements de l'amour ? Pour celui qui est vraiment amoureux, le début est en effet toujours raté, parce qu'il a été « ravi », absent à lui-même. Le début de l'amour est cet événement auquel je n'assiste pas, dont je suis bien plus l'objet que le sujet, que je subis sans même m'en rendre compte. C'est en deçà de moi que l'amour se manifeste, avant toute possibilité à le dire, à en prendre conscience. Pour Barthes, le commencement de l'amour est un « ravissement » dans les deux sens du terme, qu'il analyse dans ses *Fragments d'un discours amoureux*. Je suis enchanté, sous l'emprise heureuse d'un sentiment qui me dépossède de moi-même. Être allégé de soi participe à ce plaisir. Je n'ai jamais vraiment conscience du moment où je tombe amoureux, je suis déjà à terre quand je réalise la chute en amour qui s'est opérée en moi. Je suis en retard sur ma propre histoire, sur mon désir, sur mes sentiments qui se déploient secrètement :

> Pour moi, au contraire, cette histoire a *déjà eu lieu* ; car ce qui est événement, c'est le seul ravissement dont j'ai été l'objet et dont je répète (et rate) l'après-coup. [...] Le rapt amoureux (pur moment hypnotique) a eu lieu *avant* le discours et *derrière* le proscenium de la conscience.

La conscience médusée ne sait rien de ce qui se trame sans elle. Ce n'est pas moi qui agis, ni même qui réponds, c'est d'une manière plus primitive et plus anonyme « à la peau de répondre », selon la belle expression de Barthes. La réponse charnelle, immédiate, devance toute représentation, tout soupçon. Le sens n'apparaît que tardivement dans la synthèse de tous ces signes, preuves et évidences manquées. Ce n'est qu'une fois que mes sentiments ont envahi mon champ de conscience au point de devenir le cœur de mon existence que je les « découvre », comme l'analyse Merleau-Ponty dans un passage de la *Phénoménologie de la perception* :

> Je découvre que je suis amoureux. Rien ne m'avait échappé peut-être de ces faits qui maintenant font preuve pour moi : ni ce mouvement plus vif de mon présent vers mon avenir, ni cette émotion qui me laissait sans parole, ni cette hâte d'arriver au jour d'une rencontre. Mais enfin je n'en avais pas fait la somme, ou, si je l'avais faite, je ne pensais pas qu'il s'agît d'un sentiment si important et je découvre maintenant que je ne conçois plus la vie sans cet amour.

Ce mouvement en moi, de transformation de mes pensées et de mes actions, cette orientation de mon attention, cette impatience, cette tension intérieure avaient bien un objet commun, mais je n'en savais rien. Ce qui est vécu n'est pas connu. Je me décrypte toujours trop lentement, et le sens qui se dessine en moi m'apparaît beaucoup plus tard dans toute son évidence. On comprend alors, si nous sommes toujours en retard sur nos sentiments, que nous manquions la dimension inaugurale de certains instants. On ne vit peut-être la première fois que dans un second temps, au moment où la conscience revient sur elle, où l'événement devient vraiment objet de conscience. Ainsi, la « première fois » est moins une première fois au sens chronologique qu'au sens psychologique. C'est la modalité de la conscience, son attention à l'événement qui fait de la « seconde » première fois la véritable « première fois ».

Mais on peut soutenir aussi qu'un même événement peut se revivre sur la modalité de la première fois, c'est-à-dire avec la même intensité, la même surprise, le même sentiment de captation : je lis et relis ce livre en éprouvant à chaque fois une émotion vive, sans qu'aucune de ces lectures ne tarisse la force et le caractère unique de chacune d'entre elles. L'idée de première fois désigne une intensité du vécu, une spécificité et une force de l'expérience plus qu'un repère chronologique. En ce sens, la première fois peut se reproduire indéfiniment, à chaque fois que monte en moi cette fébrilité particulière. Alors, paradoxalement, la première fois n'est pas plus « première » que les suivantes, peut-être même l'est-elle moins, puisqu'on ne sait pas encore la reconnaître, comme le soutient le romancier Santiago Amigorena :

> La première fois n'est-elle pas précisément la moins première, puisque après cette première fois nous faisons toujours l'amour pour d'autres premières fois ? La découverte des possibilités ou des limites du corps de l'autre et de son propre corps n'est-elle pas à chaque fois aussi éblouissante, aussi déroutante ?

La première fois est moins le début d'une histoire que la matrice d'une série dont chaque moment sera une variation tout en constituant une expérience radicalement différente. Même appréhension, même surprise, même attente, même excitation devant une énième première fois. C'est peut-être ce qui permet de définir le paradigme de la première fois. Elle se caractérise par sa forme inaugurale et sa puissance de rupture, elle s'impose comme un basculement dans l'existence, quand bien même on éprouverait ce sentiment « mille fois » :

> La première fois. La première fois existe-t-elle ? La première fois n'est-elle pas que l'une de mille premières fois où tout commence, où tout finit ?

*Les débuts*

La première fois fait apparaître la dernière fois avant elle. Elle brise la continuité du temps. Elle introduit un nouveau calendrier, de l'avant et de l'après, de ce qui débute et ce qui, de fait, vient de se finir. La première fois annonce en creux une dernière fois. Ainsi, la première fois est postérieure à une fin que l'on ne comprend que rétrospectivement, une fin à laquelle on n'assiste pas, une fin qui se passe dans le silence, effacée par le bruit du tout début. Mais la première fois est surtout gonflée de promesses. Il y a « première fois » quand se déploie avec une rencontre une richesse de potentialités, quand elle ouvre un univers de désirs, une multiplicité d'images et d'horizons. C'est sa puissance créatrice qui définit comme une première fois une rencontre. La manière dont elle marquera ma vie, l'empreinte qu'elle laissera sur moi. Ainsi chaque amour, à n'importe quel âge de la vie, peut-il prétendre être le premier.

# Encore et comme si

> « Le redire, c'est facile, mais le dire encore pour la première fois ? »
>
> Maurice Blanchot

Je reprends ma phrase, je la répète sans balbutier, sans faire d'erreur. Je recommence jusqu'à ce que je connaisse la poésie par cœur. Je me reprends, me corrige jusqu'à ce que j'y arrive. Répétition indéfinie du recommencement. Jusqu'à l'excellence. Ou au renoncement.

Mais il y a d'autres recommencements. Ce que j'ai vécu, autrefois, ailleurs, autrement, je peux le découvrir à nouveau, à neuf, comme si je ne l'avais jamais vécu. À un moment où je ne pensais plus jamais le vivre. Comme s'il y avait un temps pour les commencements, et qu'une fois ce moment passé, on n'était plus que dans la répétition douce ou lassante. Parfois, pourtant, je recommence *comme si* je commençais. Je retrouve un élan que je croyais perdu, je vis une passion ou une amitié que j'imaginais réservées à l'enfance ou la jeunesse. Les commencements se moquent des époques, les strates de la vie s'imprègnent les unes les autres. Et nous voilà, au milieu de la vie, à faire les idiots par amour comme si l'on avait vingt ans. À tout larguer par-dessus bord, comme si rien ne nous attachait vraiment.

Ainsi, des histoires commencent *comme si* c'était la première fois. Avec une intensité telle que les fois précédentes pâlissent, s'effacent devant tant de splendeur. La première fois balaye le passé et toutes les autres premières fois. Alors, quel que soit mon âge, je peux aimer comme si je n'avais jamais aimé auparavant, porté par une ardeur adolescente. Soudain, tout peut de nouveau commencer. L'horizon s'ouvre, les projets fourmillent, j'ai de nouveau seize ans.

Ce que j'ai déjà vécu, je peux le revivre des années plus tard, avec innocence, naïveté, dans l'oubli de sa familiarité. Cette puissance paradoxale du nouvel amour s'appuie sur la somme des expériences passées pour redoubler d'intensité, tout en les éclipsant, par cette intensité même. Rien de ce que j'ai déjà vécu ne paraît comparable. Et pourtant, c'est peut-être précisément parce qu'elle s'appuie sur cet épais tapis d'expériences antérieures que cette émotion de la première fois gagne en force. Au lieu de s'émousser dans la répétition, elle semble se démultiplier. On retrouve ainsi la radicale nouveauté du commencement, même quand on se pensait blasé, indifférent ou insensible à des émotions juvéniles rangées au placard, ou consignées dans de vieux albums photos. On peut être encore surpris, exalté, ému par une amitié naissante, par un nouvel amour. Cette « primauté » de l'expérience semble effacer le passé.

On n'est pas à l'abri de cette déflagration, jamais trop vieux pour se laisser surprendre par l'inespéré. Les expériences ne sont pas ancrées dans des périodes spécifiques de la vie, les émotions ne perdent pas inévitablement de leur force avec l'avancée dans le temps. Il faut repenser l'articulation du temps et des passions, vivre intensément n'est pas le privilège d'une jeunesse trop vite envolée. Ce sentiment vif tient à la puissance explosive de l'inattendu.

Il est ainsi possible de rajeunir, il est même parfois nécessaire de s'y efforcer. Cette injonction n'est pas celle d'une publicité cosmétique, mais de Gaston Bachelard, philosophe barbu et malicieux, à l'accent rocailleux. La jeunesse est avant tout une certaine impertinence de l'esprit. Nous devenons vieux très tôt. Dès que nous cessons de nous étonner, d'être curieux. L'âge de notre esprit tient à ses préjugés. C'est-à-dire au fait qu'il adopte des schémas d'interprétation du réel, par habitude, par facilité, par paresse ou par éducation, schémas où il s'installe et qui font parfois obstacle à l'accès à la vérité. « Face au réel, ce qu'on croit savoir clairement offusque ce qu'on devrait savoir », dit-il. Offusquer, c'est obscurcir, embrumer. Nous ne voyons le réel qu'à travers un brouillard de connaissances vagues, nous nous contentons de cette image floue. Pour accéder à la science, il faut « rajeunir spirituellement ». Si cette philosophie s'inscrit dans une épistémologie des commencements initiée par Descartes, on peut se demander si des logiques similaires ne sont pas également à l'œuvre dans le domaine des sentiments. Nous avons bien l'impression de rajeunir affectivement lorsque, à l'occasion d'une rencontre, notre mécanique psychique s'emballe.

# « Être dans la première fois des choses »

> « Il me faisait revivre ce que je n'avais jamais imaginé revivre. »
>
> Annie Ernaux

Dans *Le Jeune Homme,* Annie Ernaux propose le récit d'une relation amoureuse partagée avec A., un homme de trente ans son cadet. Elle retrouve avec lui le plaisir d'être « dans la première fois de choses ». Si le jeune homme expérimente avec la narratrice toute une ribambelle de premières fois, elle les revit, les rejoue. Elle les compose, les provoque. Revivre ne signifie pas ici la répétition à l'identique, mais implique une distance. Le plaisir est comparable à celui du réalisateur ou du démiurge. C'est un plaisir conscient grâce au dédoublement que rend possible le fait d'avoir déjà vécu ces scènes. On n'y est plus aussi immergé, pris dans la matière dense de l'événement, dont on ne parviendrait pas à se dégager. L'amour y est moins « involontaire », plus lucide, moins empêtré dans l'immédiateté de la première fois, puisqu'on la rejoue. Il est tout aussi vif. Mais la narratrice connaît le scénario et improvise des variations autour d'une trame déjà écrite :

> À la différence du temps de mes dix-huit, vingt-cinq ans, où j'étais complètement dans ce qui m'arrivait, [...] avec A., j'avais l'impression de rejouer des scènes ou des gestes qui avaient déjà eu lieu, la pièce de ma jeunesse. Ou encore celle d'écrire/vivre un roman dont je construisais avec soin les épisodes.

Ainsi se confondent les époques, se superposent les âges et les temps de la vie. Le rôle d'A. est celui d'« ouvrir » le temps. Il permet de revenir dans le passé, de dériver d'un âge à l'autre, de passer dans une conscience confuse d'une époque à une autre :

> Il était porteur de la mémoire de mon premier monde. J'avais de nouveau dix, quinze ans [...]. Il était le passé incorporé. Avec lui je parcourais tous les âges de la vie, ma vie.

Le plaisir est aussi dans ce sentiment d'échapper à l'irréversible du temps. La temporalité est souple, les âges se succèdent sans céder à l'implacable linéarité temporelle, exprimant sans doute la réalité de notre temporalité psychique. Le temps intérieur n'est pas horizontal, mais vertical : des âges différents cohabitent en nous et nourrissent ou perturbent notre rapport au présent. Le temps se parcourt comme l'espace, il ne me contraint plus : par la passion amoureuse, je retrouve des sentiments juvéniles, des attitudes et des situations oubliées. On se dégage du flux du temps, de la logique des âges, sociale et biologique. Si la narratrice refuse les marqueurs du temps en choisissant un miroir rajeunissant dans ce double plus jeune, elle pose aussi une question essentielle : quel âge est vraiment le nôtre ? Si les blocs de vie se superposent en nous sans disparaître, si l'on renoue facilement avec ces émotions, cette jeunesse en nous, c'est le mensonge des corps, la tromperie de l'apparence qu'il faut condamner. Notre âge est celui de nos enthousiasmes et de nos passions.

Mais cette passion amoureuse est aussi un rapport particulier au temps, en ce qu'elle s'inscrit d'emblée dans le moment présent, la narratrice s'interdisant tout prolongement même imaginaire dans l'avenir. Cette histoire est le luxe du seul présent. Cette relation dont elle refuse qu'elle dure est habitée de l'intensité de ce qui va bientôt disparaître.

Revenir à des âges que l'on pensait enfouis, retrouver l'ardeur passionnelle, le « chahutage juvénile », parler la langue d'une génération à laquelle on n'appartient pas, se moquer des marqueurs du temps, que sont nos visages, nos expressions, nos postures. Emprunter brièvement l'âge d'un autre et, comme Dorian Gray, se regarder dans le visage du jeune homme qui ne vieillit pas. Le temps d'un amour, suspendre le temps, ne pas lui offrir prise, s'extraire de son âge, redevenir celle que l'on était, cette « fille scandaleuse » qui défie l'ordre des préjugés et renvoie aux regards « réprobateurs » son « sentiment de victoire ». Le scandale, cette fois, c'est de ne pas se conformer aux dominations habituelles, celles du masculin et du pluriel. C'est être, dans l'histoire de cet homme, l'initiatrice, la première *femme* dominant la multiplicité des filles, l'unique même peut-être.

Au terme de cette aventure amoureuse s'affirme le lien entre l'identité de la narratrice et ce qu'elle interprète comme la singularité de son désir. Par-delà la multiplicité des figures aimées, malgré les intermittences des objets du désir, c'est bien la continuité de son désir qui la constitue. Ce qui dure en moi au-delà des discontinuités et fragmentations de l'existence, c'est cette force désirante qui fait de la vie « un étrange et continuel palimpseste ».

Il y a un vertige dans ce jeu avec le temps, un fantasme aussi à se moquer de l'irréversible. Revenir à la verticale d'un moment passé, dans un mouvement de spirale enivrant, et se réjouir du « mystère du recommencement », selon l'expression de Jankélévitch.

> Tournez, tournez, bons chevaux de bois... Tout ce qui tourne est une invitation à la gaieté et à la danse. Les hommes éprouvent une satisfaction profonde à revenir sans cesse à leur point de départ, c'est une source inépuisable d'amusement.

Les hommes comme les enfants aiment tourner en rond sur eux-mêmes ou autour de leur petit monde. Leur recherche de l'étourdissement rappelle celui des manèges.

# Reprendre

J'entends par hasard la reprise de *Summertime* par Janis Joplin. Je connais la version d'Ella Fitzgerald, mais celle-là m'émeut au-delà de ce que j'aurais imaginé. La voix puissante, rocailleuse, qui s'étire vers la colère ou la tristesse, teintée de désespoir, les accents de la guitare me saisissent. Comme si j'écoutais cette chanson pour la première fois. Mon émotion est neuve, l'interprétation me prend par surprise, là où j'attendais la rondeur d'un timbre familier, la fêlure de cette autre voix me fend en deux. C'est peut-être même l'écart que j'entends, les deux versions se superposent mentalement. On bascule de l'une vers l'autre, on sombre.

On peut reprendre, recommencer, on ne réitère jamais à l'identique un geste, une parole. On ne se baigne jamais deux fois dans le même fleuve, disait le sage Héraclite. Une reprise n'est pas la stricte répétition mais l'introduction d'une différence, l'insertion d'un nouveau motif, d'une variation de la tonalité mélodique. Elle propose une interprétation personnelle, l'habite avec une autre intention, l'enveloppe dans une tonalité chaude ou une voix rauque qui se brise dans les aigus. Elle dérange ou adoucit. Elle fait entendre autrement ce que l'on connaissait déjà, fait apparaître l'une des versions possibles d'une même partition.

On peut penser notre existence sur ce mode de la variation mélodique, du surgissement de la différence au sein du familier. L'inattendu, l'inouï littéralement bouscule l'habitude qui nous fait devancer inconsciemment la chanson. Soudain, on se remet à l'écouter, on entend un mot auquel on n'avait pas prêté attention, une accentuation neuve, une inflexion décalée. Un silence, un contretemps créent une suspension, un écart et produisent un autre morceau à proprement parler, une autre émotion.

Est-ce qu'on peut reprendre nous aussi, reprendre une mélodie interrompue brutalement, en proposer une nouvelle version ? Reprendre, se reprendre. On peut chanter les mêmes paroles sur le rythme d'une berceuse ou sur fond de riffs de guitare électrique. On peut introduire autant de variations en soi, de décalages, donner une nouvelle coloration à l'habituel ou opérer un retour au banal, après la tragédie. Qu'est-ce qui est encore possible après la catastrophe ?

Dans ses *Cours de la Sorbonne,* Merleau-Ponty insiste sur la différence entre le théâtre et la vie. Sur scène, on peut se reprendre, corriger une phrase si on a bafouillé. « Dans la vie, on ne peut jamais se reprendre », tout ce que l'on fait, dit le philosophe, est absolu. « La vie se déroule pour de bon », contrairement à la fiction, sur le mode du « comme si ». C'est ce qui fait que les rapports avec le spectateur ou le lecteur sont finalement « mesurés », là où mon rapport avec autrui serait « démesuré », dans l'impossibilité qui est la mienne de faire comme si un événement n'avait pas eu lieu. Cette « absoluité » de la vie réelle tient au fait qu'on ne peut pas rejouer la scène. Elle demeure quels que soient nos efforts pour l'ensevelir sous mille autres. Ce qui a été dit ne peut pas être effacé, on ne revient pas en arrière, pas même d'un dixième de seconde. Ce qui a été manqué ne se retrouvera pas sur notre route, l'instant achevé est perdu. Et pourtant, on repart, on retisse la trame d'une vie après la déchirure.

On peut sortir des grands hivers et voir la joie réapparaître.

La question des débuts est aussi celle des recommencements. Elle se pose dans la tension tragique d'une vie qui hésite, au bord du basculement. Une vie qui se maintient difficilement hors de l'eau, lestée du poids d'être encore en vie et chargée de chagrin. Qu'est-ce qui nous tire par le col et nous sort la tête du désespoir ?

# Traverser la nuit

« On ne fait pas le deuil de qui est en vie. »

Claire Fercak

Ce jour-là, la nuit nous tombe dessus, brutalement, comme cela arrive parfois les jours d'orage. Mais cette nuit folle est d'une noirceur qui habite les cauchemars d'enfant, une nuit catastrophe où le monde se renverse, où l'on s'enfonce dans la certitude que le jour n'aura plus le même éclat et que « jamais plus [on ne sera] le même ». Un mot incompréhensible, inconnu, une annonce, un diagnostic et notre vie bascule dans cette « hypernuit ». Dans son ouvrage, *Ce qui est nommé reste en vie,* la romancière Claire Fercak nous entraîne dans ce basculement que produisent la maladie brutale et le deuil. Confrontée à l'annonce de la pathologie rare et incurable de sa mère, la narratrice s'enfonce dans la nuit absolue, où ne pénètre plus aucun rai de lumière. Dans ces abîmes de chagrin et de désespoir, dans la certitude et l'imminence de la perte, la douleur de l'impuissance. Comment vivre dans cette « nuit hors du temps », cette suspension où tout se perd, où l'on est soi-même, tout autant que le proche malade, « perdu[e] d'avance » ? Comment survivre dans ce sursis ? Comment continuer à jouer le jeu, quand on en connaît déjà l'issue ?

La vie est désormais comme un fleuve qui contourne la narratrice. Elle ne parvient plus à s'insérer dans le flux d'une existence normale, celle d'avant, devenue insupportable. L'impression de séparation se démultiplie : être séparée du monde habituel, des autres, qui ne comprennent pas ce que l'on vit, être si loin de soi. On n'est plus soi-même, à peine notre ombre, on n'est plus qu'un personnage endossant le rôle qui était le nôtre. On fait semblant, on ne peut plus prendre part au réel, on ne peut même plus le subir. Du monde d'avant, on s'est absenté. On est comme aspiré par ce trou de noirceur, cette existence opaque, nébuleuse.

Comment maintenir le lien quand le passé commun s'efface ? Il faut réinventer la relation parce qu'« on ne fait pas le deuil de qui est en vie ». Et affronter le paradoxe d'un « nouveau départ » imposé par la maladie : il faut « appren[dre] à connaître la personne que vous aimez ». Ce temps du sursis est celui d'une autre forme d'amour, d'une résistance de l'amour qui reconnaît obstinément l'être aimé « sous cette enveloppe nouvelle », malgré la transformation physique, malgré « l'oubli d'avoir été ». Cette mère tant aimée, dont la maladie a fait « un être désaccordé », la narratrice la retrouve dans des signes ténus : un trait d'humour, une intonation de la voix. Peu importe le masque déformant que la maladie pose sur son visage, « l'amour que vous voyez en le regardant est intact ».

S'installe alors un temps sinueux, où l'on avance « à rebours du sens habituel de l'existence ». Ce désordre chronologique, dans lequel on essaie de suivre le malade, est la marque de sa lutte pour conserver un peu de son identité, pour se dépêtrer dans ce chaos des moments et ce bouleversement des relations. Il faut tenter de suivre l'être aimé dans ses ricochets, ses sautillements temporels, « coller à ses désordres ». Il faut, aussi, recréer l'amour, le faire resurgir quand l'oubli l'a effacé. Que se passe-t-il quand la mémoire disparaît ? « La personne renaît, repart de zéro. » Ce qui signifie cruellement : « La personne vous a partiellement oublié, effacé, il se peut qu'elle ait l'impression de vous rencontrer pour la toute première fois. » Telle est la violence de cette table rase, qui solde tous les sentiments, même ceux que l'on pensait archaïques, inaltérables. Apparaît alors ce doute qui déchire le cœur : si ma mère ne me reconnaît pas, si je suis une étrangère à ses yeux, m'aimera-t-elle quand même ? La maladie me privera-t-elle même de son amour ? « Il est possible qu'elle ne m'apprécie pas, alors je fais tout pour me faire aimer et retrouver ma place d'enfant [...]. »

Ce début d'une autre relation n'ouvre pas le temps, il le duplique. La relation ne peut être la même, mais elle y ressemble d'une certaine manière, dans cette suture du lien. « La durée se dissout au lieu de s'étendre, prend de l'épaisseur ; l'instant revient, déjà vécu mais jamais tout à fait le même. » Et cette réplique du lien perdure, elle survit au défunt, qui continue à vivre en nous : « Les défunts existent deux fois, la première de leur vivant, la seconde de ce qu'ils agitent en vous. »

Ce moi qui émerge de la nuit s'y est brûlé, mais quelque chose comme une vie devient de nouveau possible. La nuit est sans doute encore en nous, mais une résistance s'est éveillée à son contact et prend forme dans ce chaos :

> Vous êtes abîmé, fané, partiellement détruit, mais solide. Une énergie inattendue, résistance sibylline et fragile, vous a animé, soutenu. [...] Dans ce prolongement de la nuit, vous avez résisté, trouvé une nouvelle façon de vivre ; elle ne guérit de rien, mais elle est possible quand aucune autre ne l'est.

Ainsi se dessine sur la trame de la catastrophe le motif d'une autre existence, dans la présence continue de cet amour et du chagrin inconsolable. Le possible revient sur fond de cette nuit en nous dans un tressage incompréhensible mais réel de la perte et du mouvement irrésistible de la vie.

# Le jour d'après

« C'était une dernière fois l'été,
une première fois l'été sans toi. »

Brigitte Giraud

Il y a aussi toutes les premières fois que l'on n'aurait jamais voulu vivre, les premières fois qui suivent la perte, le décompte des jours *sans*. Toutes ces premières fois sans l'être qu'on aimait : un parent, une compagne, un frère, une amie. Partis, disparus ; les aléas de la vie et les accidents nous ont séparés.

Les premiers soirs seul, sans son enfant, quand s'impose la garde alternée, cette douleur de la séparation imposée et toutes les premières fois de sa petite vie qu'on rate, parce que ce n'est pas notre semaine. Le lendemain, au lycée, sans l'ami, décédé brutalement pendant la nuit. Le jour après la catastrophe. Le silence dans la maison. Les choses figées. Les vêtements que tu ne porteras plus. Le premier été sans toi, les premières vacances, le premier Noël, la première rentrée que l'enfant fera sans son père, ce premier anniversaire qu'on ne fêtera pas ensemble, le premier appartement où j'habiterai sans toi, parce que, oui, jusqu'à présent, j'avais toujours vécu avec toi, toujours partagé avec toi mes inquiétudes, mes grands espoirs. Désormais, il faut affronter seul ces premières fois transies de tristesse, de colère. Et dans la nostalgie de la vie d'avant, qu'on ne savait pas facile et douce. Un accident, et tout bascule.

C'est la trame du roman *Vivre vite,* où Brigitte Giraud décline la liste obsessionnelle des « si » : on rembobine mentalement tous les moments précédant le drame, on se repasse les scènes, identifiant tous ces croisements où il aurait fallu bifurquer. La pluie, le léger retard, le moteur trop puissant de cette moto-là, sans lesquels peut-être son compagnon ne serait pas mort brutalement. Une phrase lapidaire d'une soignante, et l'existence se scinde : « C'est elle qui a prononcé la phrase qui coupe ma vie en deux : On n'a rien pu faire. La phrase qui marque l'avant et l'après. La pliure aiguisée comme une lame. » Le temps change de matière, il est désormais solide, figé et divisé. Il y a de l'irréparable, du définitif, un passé sur lequel on ne peut plus revenir qu'en pensée, dans la répétition convulsive du scénario, dans la reprise obsessionnelle des « si ». On y revient en écrivant aussi, pour ralentir peut-être ce cercle infernal et délirant, l'enquête folle de ces infimes fléchissements qui conduisent à l'accident, la boucle des détails, la suite infinie de ces « mauvaises questions » que l'on se pose. La vie n'est plus fluide, d'une continuité tranquille, elle est figée, brisée par la catastrophe. Le temps a cessé de s'écouler. Il y a désormais la marque de cette pliure au cœur de notre existence qui fait des moments à venir les rappels cruels de la perte. L'histoire se referme, l'existence se replie sur elle-même. Tout se dessine désormais dans cette symétrie imparfaite où se distingue en creux la figure de celui qui manque. Le vide prend toute la place.

Les jours anniversaires reviennent, mais ils ne résonnent plus gaiement. On voudrait croire à une temporalité circulaire, à un éternel retour. La rigueur cyclique des calendriers ignore les variations affectives d'un événement, la tonalité mélancolique. C'est un temps abstrait et naïf, ignorant la cassure de l'irréversible. Comme si tous les enfants grandissaient, les parents étaient éternels, comme si les succès se répétaient à l'envi, la chance revenait à chaque nouvelle lune. Comme si nous vivions dans la répétition indéfinie des meilleurs moments passés. Le drame projette sur les premières fois l'ombre de l'absence. Elles ne sont plus que l'envers obscur de celles qu'elles étaient auparavant, légères, partagées. Tout est gelé, même l'été, comme le dit Brigitte Giraud : « J'ai senti le chaud qui se changeait en froid, comme si le sang se retirait de mes veines et de mon corps tout entier. » Cette césure de la tragédie dédouble la vie. Les premières fois ont une face B, comme les vieux vinyles. Chacun d'entre nous a aussi, sans doute, un « autre visage ». Une face sombre, une vie en mode mineur.

Même quand reviennent les débuts exaltants d'un nouvel amour, ils ne se vivent plus dans la pure innocence, mais dans sa conjugaison avec la douleur. Ils se déploient en un tressage dense d'émotions contradictoires, dans la tension de la loyauté et d'une nouvelle fidélité.

> Il y a eu les premières fois, la sensation du danger qui s'éloignait, puis cette liberté inattendue, effrayante, qui me faisait courir tous les risques. Il y a eu le vertige du nouvel amour malgré le manque. Le désir et le chagrin mêlés, toutes ces contradictions, la vie comme un tambour de machine à laver. Il y a eu la fidélité et la culpabilité. Les grands mots. La vie double, qui pulse comme une chanson des Sparks.

Une vie à double fond, celui de l'épreuve, donne à l'existence une profondeur tissée de tristesse et de manque. Mais la lumière vive du drame éclaire ce qui est encore, malgré tout et peut-être d'autant plus, possible. Mille-feuilles d'une nouvelle première fois, hantée et intensifiée à la fois par la catastrophe en filigrane. Peut-être est-ce cet entrelacement intime avec la souffrance qui lui donne une puissance toute particulière ? Doublée de douleurs folles, la rencontre imprévisible est retour à la vie. Le cœur se remet à battre dans ses replis les plus secrets où palpitait imperceptiblement cet espoir. Le temps s'écoule de nouveau, les pulsations reprennent. L'amour est la ruse de la vie pour nous ramener à elle.

# De l'importance d'être inconstant

> « Pourquoi devrait-on garder
> la tête sur les épaules ? »
>
> Ralph Waldo Emerson

Oui, pourquoi ? Pourquoi ne pas faire les fous ? Ou, pour le dire autrement, assumer la contradiction, comme expression de la dimension dynamique de l'existence. Accepter de se contredire soi-même, de ne pas rester fidèle à une identité déjà fanée. Il faut un certain courage pour se défaire d'une conception morale dominante qui nous détermine avec la force d'un destin. « Ne nous inclinons pas », ordonne le philosophe américain Ralph Waldo Emerson dans son essai *Compter sur soi*. À force d'endosser le même uniforme, nous finissons par avoir « tous la même allure et la même tête ». Nous sommes trop perméables, trop malléables.

Il faudrait savoir résister au magnétisme des attentes, aux autorités de tout ordre. Il n'y a de centre de gravité qu'en « notre propre fonds », dans cette part singulière qui ne s'emprunte pas. « Faites ce qui vous est propre et vous serez plus fort. »

Emerson insiste sur la nécessité du détachement, conçu comme un allègement. Changer d'avis, rompre des liens, c'est aussi admettre avec lucidité qu'on les maintient artificiellement par lâcheté, par habitude. On ne se reconnaît plus dans nos emballements de jeunesse. Ces amitiés, ces convictions politiques ou religieuses, cette manière de vivre, de penser ou d'écrire ont cessé d'être vives ; cette position devient une posture. La sincérité exige ces abandons de soi. Emerson considère que « savoir traduire le passé devant le tribunal du présent » est une hygiène nécessaire.

Son credo est une incitation à l'inconstance : « Toujours vivre dans un jour neuf. » Ne pas s'enfermer dans une identité vide, en contradiction avec celui que nous sommes devenus. Accepter le devenir comme principe d'une existence et assumer les coupes, les brisures. Les tracés de nos vies sont zébrés : « Le trajet du meilleur navire est un zigzag à cent bords. » Nous ne sommes pas des satellites dont on pourrait calculer l'orbite par avance. Il y aurait même, de manière plus radicale, une nécessité à tromper les attentes, y compris les nôtres. Il faut savoir renoncer « à tous les retours et à toutes les équivoques ». L'apologie de l'inconstance se fait au nom d'une vérité singulière, en mouvement, et du renouvellement nécessaire de soi. S'autoriser la dérive et la contradiction, se défaire d'un « vain souci de constance », cette angoisse qui nous « dissuade d'avoir confiance en nous ». Il faudrait être à la fois imprévisible et inflexible. Savoir vivre dans la « perception neuve », sans mémoire, « sous un mode nouveau et sans précédent ». « Tout homme vrai, ajoute encore Emerson, a besoin de vies, d'espaces et d'un temps infinis pour accomplir son dessein. » Quelles sont toutes ces vies dont on a besoin ?

# *Vita nova*

« Recommencer, revivre, être un autre fut la grande tentation de mon existence. »

Romain Gary

Dans son essai *Éloge de l'apostat. Essai sur la* vita nova, Jean-Pierre Martin interroge, suivant le cheminement de figures littéraires, comme Roland Barthes, Romain Gary ou F. Scott Fitzgerald, cette « possibilité d'avoir plusieurs vies », au gré de revirements, de séismes, de volte-faces. *Apostatès* désigne en grec le traître, le déserteur. Le renégat. L'homme qui renie sa foi, ses valeurs, ses engagements, trahit, disparaît de la circulation. Mais, pour Martin, il s'agit avant tout de penser la réinvention de soi et la « révolte contre l'assignation au passé ». Reprenant le principe d'Emerson, « vivre à chaque fois sous un jour nouveau », il ausculte les existences faites de ponts rompus et de nouveaux départs. Il souligne l'audace du geste qui « interromp[t] une allégeance » et ainsi s'interrompt lui-même. La puissance des véritables débuts tient dans cette interruption vécue par le sujet au cœur même de son identité, touchant à son essentielle fragilité. Martin part sur les traces « des vies de vaisseaux brûlés, des êtres sans identité assignée, parfois sans épine dorsale – moi disparates, se décomposant et se recomposant tour à tour ». Il s'attache à notre être de passage, à ses transformations dynamiques ou chaotiques. « Nous sommes, dit-il, des êtres changeants et métamorphiques, pas des soldats de plomb. » Plus profondément encore, Martin identifie une « pulsion de *vita nova* », la nécessité de devenir autre. La quête de ce plaisir d'être « hors de [s]oi, dans une autre peau, dans une autre langue » serait pour certains comme une seconde nature, presque une drogue. Qui mieux que Romain Gary aura retranscrit ce besoin de *vita nova* dans son œuvre ? Dans *Vie et mort d'Émile Ajar* s'énonce ce besoin de fugue : « Recommencer, revivre, être un autre fut la grande tentation de mon existence. » Cette *vita nova* est un risque et un luxe :

« Chance inédite – plasticité – la vie bifurque.
De nouvelles existences peuvent s'improviser.
Nommons cette surprise : la *vita nova.* »

On entend la séduction de cette proposition : larguer les amarres, effacer son historique, sans rendre de comptes à personne. S'éclipser sans explication, sans excuse. Disparaître et se réinventer à l'autre bout du monde ou à deux pas. Changer de nom, de style de vie. Se rêver en Indien ou en poète, faire de sa vie son délire. Qui n'a jamais réécrit sa propre histoire en traçant mentalement ces bifurcations qu'il a manquées ? Ces décisions que nous n'avons pas osé prendre, par prudence ou par lâcheté, d'autres s'y confrontent, quitte à tout perdre. C'est le prix d'une vie neuve, où l'on attaque le réel sous un autre angle. On fait le pari de l'exaltation et de l'incertitude. On plonge tête baissée dans un flot de vie « autrement plus fluide, plus incontrôlable, plus déviant, plus intempestif, plus passionnant aussi, et plus inattendu. » L'amour, encore lui, nous précipite dans ces eaux torrentueuses et nous réveille à nous-même.

Mais il suffit parfois de peu pour produire l'étincelle d'un recommencement. Certaines périodes nous invitent à remettre les compteurs à zéro. Dans ce qui est peut-être une nostalgie de la rentrée scolaire et des habits neufs du premier jour d'école, le psychanalyste J.-B. Pontalis s'adonne à des occupations qui pourraient sembler futiles : ranger son bureau, changer sa garde-robe. Il n'est pas le premier à souligner l'effet des choses mineures. Spinoza déjà nous encourageait à nous entourer de ce qui nous réjouit et augmente notre puissance d'agir. Des plantes, de la musique, de beaux vêtements, du parfum. Est-ce bien là le souci d'un philosophe ? Oui, car nous ne sommes pas des esprits indifférents, mais des êtres affectés par notre environnement, nous gardons le pli des événements qui nous attristent ou nous exaltent. Il n'y a pas de vertu dans le fait de se priver de plaisirs simples qui rehaussent notre sentiment d'exister, le soutiennent discrètement. Ils participent à notre désir de persévérer dans l'existence. La joie n'est pas toujours spectaculaire, elle se tient au creux de choses infimes, dans le tremblement d'une jeune pousse ou le rayon de soleil défiant l'hiver. Nous avons besoin de courants d'air frais, de sentiments printaniers. Comment susciter ce nouvel appétit d'être ? Pontalis fait l'aveu de son rituel de rentrée : recourir aux pouvoirs des choses pour redevenir neuf, faire apparaître les lignes claires de l'ordre dans la confusion qui s'est installée imperceptiblement.

> À chaque rentrée, c'est pareil : il faut absolument que je range, je dois dégager ma table de travail de tout ce qui l'encombre. [...] Je suis pris aussi d'une forte envie de m'acheter de nouveaux vêtements comme si je voulais faire peau neuve, me délivrer du poids du passé – non pas du passé mais d'une mémoire morte –, comme si j'avais l'espoir fou de me trouver au commencement ou au recommencement de ma vie.

Balayer les traces d'un quotidien qui s'accumule comme une pellicule de poussière, ternit les choses au point de les rendre invisibles. En les rangeant, on les fait réapparaître, brillant d'un nouvel éclat. Dégager ce qui encombre, dissimule. Mais également s'offrir une nouvelle apparence et, là aussi, redéfinir les lignes. Tourner sur soi, discrètement, d'un cran, et repartir pour une autre saison dans un gai renouvellement. « Faire peau neuve. » Se défaire de sa vieille enveloppe, comme dans une mue animale. Dans cette cérémonie païenne de la nouveauté s'exprime un désir d'allègement et de régénération. On se déleste des sédiments de mémoire pour dégager la voie d'un nouvel enthousiasme créateur. On met de l'ordre en soi. « Le désordre n'a que trop duré », reprend Pontalis en écho à Perec.

## Les nouveaux venus

Nous avons aussi une responsabilité devant les départs que nous encourageons. Réfléchissant sur l'« âge décisif et incisif » de l'adolescence, la philosophe Marion Muller-Colard repense notre rapport aux *Grandissants*. Aider à grandir, c'est autoriser les départs, encourager la séparation qui nous condamne au manque. Ainsi, il nous faut être l'instigateur de ces débuts, laisser l'adolescent « se frayer un chemin d'éloignement ». Ce départ prend la forme d'un repli, tête-à-tête nécessaire à un « épaississement » de soi. Dans cette rencontre avec eux-mêmes, les adolescents se délestent de la peau tendre de l'enfance et construisent la « charpente [de leur] for intérieur ». C'est à nous de les inciter à prendre le large, de faire « l'éloge d'un départ qui nous pousse dans nos retranchements ». Nous apprenons à nous réjouir de leur insolence, signe d'une indispensable subversion du modèle. Nous nous efforçons d'amorcer leur départ, malgré l'angoisse et les menaces, malgré la tentation de les garder à l'abri. On les laisse se détacher pour leur laisser « la chance de devenir », « l'opportunité de la métamorphose ». On accepte « le déminage de toutes les loyautés ». Telle est la seule manière de les accompagner dans leur propre cheminement, en restant en retrait. On autorise ainsi le surgissement de la différence et la dure initiation au monde. On leur fausse compagnie, volontairement, dans le déchirement intérieur parfois, pour leur permettre de se confronter à leur jeune solitude. C'est ainsi qu'ils apprennent à tenir, malgré les vents contraires, et à prendre en charge pour la première fois le souci d'eux-mêmes. L'adolescence est ce « premier carrefour de nos vies où ne pas quitter est délétère ». Elle est le moment d'affirmation de notre propre perspective sur le monde : « nous sommes le kaléidoscope de la vie, elle est autre et en même temps rien d'autre que nous ». Concluant sur les mots de la poétesse Louise Glück, dans *Retreating Light,* Marion Muller-Colard nous rappelle qu'ainsi nous offrons aussi à nos enfants grandissants « une grande effervescence », « comme il en est à chaque commencement ».

# D'autres possibles

« On peut s'attendre à l'inattendu. »

Hannah Arendt

Bien sûr, nous connaissons aussi, de manière collective, des débuts tragiques. L'effet de perspective, le bout de la lorgnette, laisse penser aux Occidentaux qu'ils sont entrés dans l'ère des catastrophes. Les attentats, la pandémie, la guerre. Nous gardons le souvenir de ces moments arrêtés, cette suspension du temps et des souffles face à l'impensable. Le monde déserté, les artères vides, les mouvements circulaires dans des espaces clos, les chronologies absurdes et la mémoire défaillante. Nos repères temporels de ces dernières années sont désordonnés. On ose à peine se projeter dans l'avenir. La dévastation écologique, la disparition du vivant, le dérèglement climatique, la crise économique ; le scénario catastrophe défile en accéléré. Le sentiment d'une anomalie s'infiltre dans chaque parcelle du réel, dans chaque geste. L'inquiétude se propage bien au-delà de ses anciennes frontières. La nausée n'est plus causée par la matérialité massive du monde, mais par son effritement, par le délitement d'institutions nécessaires – l'école, l'hôpital, la justice. Le malaise s'accroît aussi, devant nos servitudes consenties aux machines, notre passivité face aux logiques économiques et algorithmiques. L'envahissement et la dévoration des choses, les diversions infinies ensevelissent toute velléité de réflexion. Nous sommes captifs, captivés par la multiplication d'images, de faits dénués de sens, d'objets sans histoire. Découragés aussi sans doute face à l'ampleur des transformations nécessaires.

Peut-on espérer un sursaut, peut-on encore croire à d'autres possibles dans l'urgence du changement ? On ne peut plus miser sur une vertu créatrice de la peur. Dans *Qu'est-ce que la politique ?*, Hannah Arendt envisageait le monde en des termes qui résonnent de manière très contemporaine. Compte tenu de l'impasse dans laquelle nous nous trouvons, il ne reste plus qu'à croire aux miracles, disait-elle. Le sens du « miracle » dans la sphère politique tient à une dimension essentielle de l'être humain : son pouvoir de commencer. Hannah Arendt définit l'homme comme un initiateur, capable « d'inaugurer quelque chose de neuf, de prendre l'initiative ». Dans l'horizon de la naissance, c'est-à-dire du renouvellement des générations, on peut espérer le miracle : l'interruption d'un processus et le déclenchement d'un autre, un nouveau commencement par l'agir humain. La force d'un début tient à sa puissance explosive qui brise ou détourne le cours des choses. Le miracle est étymologiquement ce qui surgit et produit l'étonnement. Ce à quoi on n'avait pas pensé, ce qui était inimaginable. Cette saillie de l'imprévisible est le propre des histoires humaines, dans la folie ou la grandeur :

> Le fait que l'homme est capable d'action signifie que, de sa part, on peut s'attendre à l'inattendu, qu'il est en mesure d'accomplir ce qui est infiniment improbable.

Mais reste-t-il un champ suffisamment ouvert pour de l'inattendu, de l'imprévisible ? Nous sommes tétanisés par les menaces en surplomb. Sans doute avons-nous déjà bien resserré le cercle des possibles, nous avons abîmé ce droit des nouveaux venus à un monde qui perdure après eux. Selon la philosophe, nous leur avons dérobé leur « spontanéité », leur pouvoir et leur droit de commencer quelque chose de nouveau. Pourtant, même si l'avenir est de plus en plus « déterminé et prévisible », suspendu aux tyrannies politiques et au péril climatique, l'agir n'en reste pas moins le moteur humain essentiel. « Parce qu'ils sont *initium*, nouveaux venus et novateurs en vertu de leur naissance, ils sont portés à l'action [...], l'homme est principe de commencement », souligne Hannah Arendt dans *Condition de l'homme moderne*.

Les désirs d'action, de commencement seraient inscrits en nous. Il faut cette impulsion, en deçà même de notre volonté, pour avoir le courage de vivre ou de revivre. Autant que nous le pouvons, nous luttons contre la passivité pour préserver notre dignité. Tant que l'être est vaillant, quelque chose en nous sursaute et se révolte. Quel sens aurait encore une existence résignée face à la destruction ? On ne peut penser notre inscription dans l'existence sans la naissance, filiation et rupture à la fois, c'est-à-dire dans la continuité et l'inattendu mêlés. Même dans le désespoir, l'homme, dans un soubresaut, envisage d'autres possibles. C'est ainsi que l'irrationnel nourrit parfois les découvertes imprévisibles de la raison, les transformations inespérées. Nous n'avons pas d'autre choix que de croire à la préservation d'un monde de possibles et d'y œuvrer.

# Vivre dans la contradiction : espoir et lucidité

« L'homme ne se remet pas de pareilles secousses. Il devient quelqu'un d'autre, et il arrive que l'être nouveau trouve de nouvelles choses à quoi se plaire. »

F. Scott Fitzgerald

Nous sommes cette drôle d'espèce qui commence son existence dans la certitude de sa fin à venir. Nous nous efforçons d'apprendre ce que nous oublierons, nous aimons ceux qui disparaîtront, nous soignons ceux qui s'effacent. Nous sommes des êtres endurants. Cette contradiction essentielle – commencer ou recommencer ce qui s'achèvera – se rejoue à chaque instant. La pulsation de commencement nous anime et résiste aux grandes secousses. Comme le dit F. Scott Fitzgerald, les séismes nous transforment radicalement, on ne s'en remet pas, on y laisse sa peau. On devient quelqu'un d'autre. Nous ne sommes plus ce bloc compact d'émotions et d'élans. Pourtant, malgré les fêlures et les fragilités, on trouve un sens à d'autres commencements. On construit sur ce qui s'est effondré. Ainsi Fitzgerald écrit-il sur ce qui le paralyse, son impuissance à écrire. On creuse plutôt que de combler. On compose avec l'accident et les coups qu'on a pris, on s'habitue à notre nouvelle tête, un peu amochée. On creuse, sans renoncer à l'idée de sortir du trou.

La fameuse citation de *La Fêlure* a déjà été beaucoup commentée. « Toute vie est bien entendu un principe de démolition. » Elle introduit la définition de l'intelligence comme tension interne : la capacité de « se fixer sur deux idées contradictoires sans pour autant perdre la possibilité de fonctionner ». La conclusion entre en résonance avec nos inquiétudes : « On devrait par exemple pouvoir comprendre que les choses sont sans espoir, et cependant être décidé à les changer. » On pourrait comprendre la menace colossale à venir et, pourtant, décider de maintenir et modifier ce qui peut encore l'être. Même si le geste paraît dérisoire, il donne un sens à ce que nous faisons, témoigne de ce que nous défendons. Nous avançons en funambule, incertains et convaincus à la fois. L'existence est cette balance bancale où il faut « tenir en équilibre le sentiment de la futilité de l'effort et le sentiment de la nécessité du combat ; la conviction de l'inéluctabilité de l'échec et la résolution de "réussir" ».

À défaut de guérir, soigner. C'est ainsi que le médecin et philosophe Georges Canguilhem relit Fitzgerald. On retrouve dans le geste du soin cette « contradiction entre l'espoir d'un jour et l'échec, à la fin ». S'accrocher à l'espoir momentané n'est pas forcément naïf. Nos actions les plus essentielles ne portent-elles pas la marque de cette résistance au désespoir ?

La joie est encore possible dans la conscience du tragique, de notre vie personnelle ou de l'époque. Elle n'est pas indécente, mais elle est d'autant plus nécessaire que les fragilités deviennent massives et que les dangers nous assaillent de toutes parts. On peut penser la légèreté dans la lucidité. C'est le pari paradoxal de la philosophie de Clément Rosset. Il est possible de connaître la « joie enivrante » de vivre, « la joie presque miraculeuse d'exister » sans doubler le réel d'un voile d'illusions rassurantes. Comment oser l'affirmer en ces temps d'orages ? Il arrive, selon Rosset, que l'allégresse soit le « résultat d'une mélancolie surmontée ». On ne peut pas penser la réelle joie sans traverser l'épreuve et parfois s'y abîmer. Nous apprenons à vivre avec la part tragique du réel. Notre capacité à l'admettre est « la pierre de touche de la santé morale et de l'allégresse ». Peut-être y a-t-il une prédisposition particulière à cette obstination dans la joie. Mais un tel entêtement se nourrit aussi d'une attention à la réalité, aiguisée par la catastrophe. Il n'y a pas de vie sans tempêtes, et on ne peut pas espérer les contempler toujours du rivage, loin du tumulte. Mais on apprécie la terre ferme lorsque les courants de l'existence nous y ramènent.

# N'être qu'un début

« Sommes-nous voués à n'être
que des débuts de vérité ? »

René Char

On débute d'abord sans s'en rendre compte, dans l'insouciance d'une vie encore floue. On commence parfois sur la pointe des pieds, on pénètre à pas feutrés dans un nouvel univers, on se cale sur les autres pour s'approprier une chorégraphie affective ou sociale. On s'adapte au rythme des paroles, aux jeux de regards. On s'initie sans vraiment le savoir, intériorisant les rôles, assimilant discrètement tout un répertoire de gestes et de postures qui finissent par être si familiers qu'on oublie les avoir appris.

On perd sans doute au fil du temps cette souplesse première qui permet de se faufiler dans les interstices de différents mondes, de capter les signes à la dérobée et de s'en saisir.

Certains débuts sont bondissants, réponse fulgurante au signal de départ, d'autres sont laborieux et semblent infinis ; on construit avec patience le château de cartes, on collectionne les brindilles en rêvant d'incandescence.

Il se peut qu'on se lasse, qu'on se décourage. Mais on continue toujours, presque malgré soi, même au cœur de l'ouragan, à espérer la clarté du matin, la lumière neuve du recommencement. On sait que des nuits s'enflamment, on veut croire que sur cette terre mouvante, on se réjouira encore des prochaines moissons. Cette persévérance insensée, naïve, même dans la lucidité, est subversive. Elle déloge le désespoir, elle nourrit les naissances successives. Elle nous arrache à l'obscurité.

On renoue à tout âge, dans une joie presque absurde, avec une forme d'innocence, on se laisse prendre par des ardeurs qu'on pensait éteintes. On s'émeut aussi, on se nourrit peut-être, des enthousiasmes enfantins, des vibrations adolescentes. On accompagne les toutes premières fois, on les encourage. On s'en souviendra pour eux qui les oublient vite. Leurs débuts nous ravivent. On leur tient la main jusqu'à l'équilibre, on saura aussi les laisser s'éloigner. Ils apprennent et nous surprennent.

On peut se réjouir de n'être qu'un début, une amorce. Créer de l'inachevé, ouvrir. Exercer ce beau métier d'initier. Semer. Donner l'impulsion. Laisser en suspension, à disposition d'autres interprétations. Et observer avec émotion le tremblement imperceptible d'autres débuts.

# Références des citations

Santiago H. Amigorena, *Les Premières Fois*, Paris, POL, 2010, p. 570, 579-580.

Günther Anders, *Journaux de l'exil et du retour*, traduit de l'allemand par Isabelle Kalinowski, Lyon, Fage, 2012, p. 28-29, 31.

François Ansermet, *Clinique de l'origine*, Nantes, Cécile Défaut, 2012, p. 18, 83-84.

Didier Anzieu, *Le Corps de l'œuvre. Essais psychanalytiques sur le travail créateur*, Paris, Gallimard, « Connaissance de l'inconscient », 1981, p. 143.

Hannah Arendt, *Condition de l'homme moderne*, traduit de l'anglais par Georges Fradier, Paris, Calmann-Lévy, 1994 ; rééd. Pocket, « Agora », 1997, p. 68-71.

Hannah Arendt, *Qu'est-ce que la politique ?*, traduit de l'allemand par Carole Widmaier et Muriel Frantz-Widmaier, et de l'anglais par Sylvie Taussig et Cécile Nail, Paris, Seuil, 2014 ; rééd. « Points essais », 2016, p. 233-234.

Gaston Bachelard, *La Formation de l'esprit scientifique*, Paris, Vrin, 1938 ; rééd. 2000.

Gaston Bachelard, *L'Intuition de l'instant*, Paris, Vrin, 1932 ; rééd. 1960, p. 13-14 ; 2006, p. 17-18, 23-24, 106, 109.

Roland Barthes, *Fragments d'un discours amoureux*, in *Œuvres complètes*, Paris, Seuil, t. V, 1977-1983, p. 125-126.

Roland Barthes, *Leçon*, Paris, Seuil, 1978, p. 45.

Henri Bergson, « Introduction à la métaphysique », *in La Pensée et le Mouvant* (1934), Paris, PUF, « Quadrige », 2013, p. 175, 183-85, 209.

Henri Bergson, *L'Évolution créatrice* (1907), Paris, PUF, « Quadrige », 2013, p. 304-305.

Henri Bergson, *L'Intuition philosophique* (1911), Paris, PUF, « Quadrige », 2011, p. 123.

Henri Bergson, *Les Deux Sources de la morale et de la religion* (1932), Paris, PUF, « Quadrige », 2013, p. 16.

Maurice Blanchot, *L'Attente l'oubli*, Paris, Gallimard, 1962 ; rééd. « L'Imaginaire », 2000, p. 100-101.

Italo Calvino, *Palomar*, traduit de l'italien par Jean-Paul Manganaro, Paris, Seuil, « Points », 1986.

Italo Calvino, *Si par un jour d'hiver un voyageur*, traduit de l'italien par Danièle Sallenave et François Wahl, Paris, Seuil, 1981 ; rééd. « Points », 1995, p. 8-10, 13, 51, 144, 168.

Georges Canguilhem, *Le Normal et le pathologique*, Paris, PUF, « Quadrige », 2013.

Georges Canguilhem, « Une pédagogie de la guérison est-elle possible ? », in *Écrits sur la médecine*, Paris, Seuil, « Champ freudien », 2002, p. 99.

Emmanuel Carrère, *Yoga*, Paris, POL, 2020, p. 11.

René Char, *Fureur et mystère*, Paris, Gallimard, 1948 ; rééd. « Poésie/Gallimard », 1967, p. 186.

Mahmoud Darwich, *La Terre nous est étroite et autres poèmes*, traduit de l'arabe par Élias Sanbar, Paris, Gallimard, « Poésie/Gallimard », 2000.

Gilles Deleuze, avec Claire Parnet, *Dialogues*, Paris, Flammarion, 1977.

Gilles Deleuze, *Différence et répétition*, Paris, PUF, 1969 ; rééd. « Épiméthée », 2011, p. 182, 215.

Gilles Deleuze, Félix Guattari, *Mille Plateaux. Capitalisme et schizophrénie 2*, Paris, Minuit, 1980.

Gilles Deleuze, *Pourparlers*, Paris, Minuit, 1990, p. 219.

Ralph Waldo Emerson, *Compter sur soi*, traduit de l'anglais par Stéphane Thomas, Paris, Allia, 2018, p. 23, 26, 58.

Annie Ernaux, *Le Jeune Homme*, Paris, Gallimard, 2022, p. 15, 22-27, 31.

Claire Fercak, *Ce qui est nommé reste en vie*, Paris, Gallimard, « Verticales », 2020, p. 50-51, 56-57, 149-151.

F. Scott Fitzgerald, *La Fêlure*, traduit par l'anglais par Marc Chénetier, Paris, Gallimard, 1963 ; rééd. « Folio », 2014, p. 476, 487, 498.

Tristan Garcia, *La Vie intense. Une obsession moderne*, Paris, Autrement, « Les Grands Mots », 2016, p. 8-9, 12.

Romain Gary, *La Promesse de l'aube*, Paris, Gallimard, 1960 ; Folio, 1992, p. 38-39.

Romain Gary, *Vie et mort d'Émile Ajar*, Paris, Gallimard, 1981, p. 29.

Brigitte Giraud, *Vivre vite*, Paris, Flammarion, 2022, p. 32, 128, 193, 197, 202, 204.

Héraclite d'Éphèse, *Fragments*, Belin, 1960, fragment 6.

David Hume, *Traité de la nature humaine*, livre I, *L'Entendement*, traduit de l'anglais par Philippe Baranger et Philippe Saltel, Paris, GF-Flammarion, 1995, p. 342-343.

Vladimir Jankélévitch, *Le Je-ne-sais-quoi et le Presque-rien. 1. La Manière et l'Occasion*, Paris, Seuil, 1980 ; rééd. « Points essais », 1981, p. 33.

Vladimir Jankélévitch, Béatrice Berlowitz, *Quelque part dans l'inachevé*, Paris, Gallimard, 1978 ; rééd. « Folio essais », 2020, p. 33-34, 109-110, 138, 173.

Jean-Pierre Martin, *Éloge de l'apostat. Essai sur la* vita nova, Paris, Seuil, « Fiction & C^ie^ », 2010, p. 11-20, 155, 158, 163, 199-200, 211.

Nicolas Mathieu, post Instagram du 10 octobre 2022, avec l'aimable autorisation de l'auteur.

Maurice Merleau-Ponty, *Phénoménologie de la perception*, Paris, Gallimard, 1945 ; rééd. « Tel », 1976, p. 436.

Maurice Merleau-Ponty, *Psychologie et pédagogie de l'enfant. Cours de Sorbonne 1949-1952*, Lagrasse, Verdier, p. 14, 15, 19, 564-566.

Marion Muller-Colard, *Les Grandissants*, Genève, Labor et Fides, 2021, p. 21, 25, 27-28, 30-31, 35, 65, 79.

Georges Perec, *Je suis né*, Paris, Seuil, « La Librairie du XX^e^ siècle », 1990, p. 9-11, 14, 73.

Georges Perec, *La Vie mode d'emploi*, Paris, Hachette, 1978 ; rééd. LGF, Le Livre de Poche, 1980.

Georges Perec, *Penser/Classer*, Paris, Hachette, 1985 ; rééd. Seuil, « Points », 2003, p. 62.

Georges Perec, « Quatre figures pour *La Vie mode d'emploi* », *L'Arc*, n° 76, 1980, p. 8, note.

Fernando Pessoa, *Le Livre de l'intranquillité* vol. 3, traduit du portugais par Françoise Laye, Christian Bourgois, 1992, p. 64, 75.

J.-B. Pontalis, *L'Amour des commencements*, in *Œuvres littéraires*, Paris, Gallimard, « Quarto », 2015, p. 181.

J.-B. Pontalis, *Traversée des ombres*, Paris, Gallimard, 2003 ; rééd. « Folio », 2005, p. 167.

Mathieu Potte-Bonneville, *Recommencer. Notes pour une reprise*, Lagrasse, Verdier, 2018, p. 31-32.

Racine, *Phèdre* (1677), Acte I, scène 3.

*Références des citations*

Paul Ricœur, *Philosophie de la volonté. I. Le volontaire et l'involontaire*, Paris, Aubier, 1993, p. 407-415.

Olivia Rosenthal, *Un singe à ma fenêtre*, Paris, Gallimard, « Verticales », 2022, p. 39, 151.

Clément Rosset, *La joie est plus profonde que la tristesse. Entretiens avec Alexandre Lacroix*, Paris, Stock / Philosophie magazine éditeur, 2019, p. 35, 43, 116-117.

Clément Rosset, *Le Réel et son double. Essai sur l'illusion*, Paris, Gallimard, 1976 ; rééd. « Folio essais », 1993, p. 43, 62-63.

Jean-Paul Sartre, *L'Être et le Néant. Essai d'ontologie phénoménologique*, Paris, Gallimard, 1943 ; rééd. « Tel », 1993, p. 78-79.

Baruch Spinoza, *Éthique*, Paris, GF-Flammarion, 1992, p. 263.

Jean-Philippe Toussaint, *L'Urgence et la patience*, Paris, Minuit, 2021, p. 9-12, 28, 30, 34-35, 40, 45, 79.

Paul Valéry, *Mauvaises Pensées*, Paris, Rivages poche, 2016, p. 202.

D. W. Winnicott, *Jeu et réalité. L'espace potentiel*, traduit de l'anglais par Claude Monod et J.-B. Pontalis, Paris, Gallimard, « Connaissance de l'inconscient », 1975 ; rééd. « Folio essais », 2002, p. 104.

# Table

Le tout début : un scintillement .......... 11
Coup de dés .......... 15
Comment commencer ? .......... 21
L'impatience des débuts .......... 27
Beauté de l'éphémère .......... 35
La nouveauté du premier instant .......... 41
Découper le temps .......... 47
L'heure féconde .......... 55
L'inquiétude du début .......... 61
À l'improviste .......... 67
Ce qui a déjà commencé .......... 73
Commencer par le milieu .......... 79
*Let's pretend* .......... 87
Ma vie avant moi .......... 99
Je suis né .......... 109
Promesses de l'aube .......... 115
N'aimer que les débuts .......... 119
Mille premières fois .......... 123
Encore et comme si .......... 129

*Les débuts*

« Être dans la première fois des choses » ... 133
Reprendre ... 139
Traverser la nuit ... 143
Le jour d'après ... 149
De l'importance d'être inconstant ... 155
*Vita nova* ... 159
Les nouveaux venus ... 165
D'autres possibles ... 169
Vivre dans la contradiction : espoir et lucidité ... 175
N'être qu'un début ... 179

*Références des citations* ... 183

NORD COMPO
multimédia

Composition et mise en pages
Nord Compo à Villeneuve-d'Ascq

CET OUVRAGE
A ÉTÉ ACHEVÉ D'IMPRIMER
SUR ROTO-PAGE
PAR L'IMPRIMERIE FLOCH
À MAYENNE EN MARS 2023

N° d'édition : 437166-0. N° d'impression : 102188
Dépôt légal : avril 2023
Imprimé en France